MÉMOIRES
ET LETTRES
DE MADAME
DE MAINTENON.

TOME IX.

Contenant le Tome III*e*. des LETTRES.

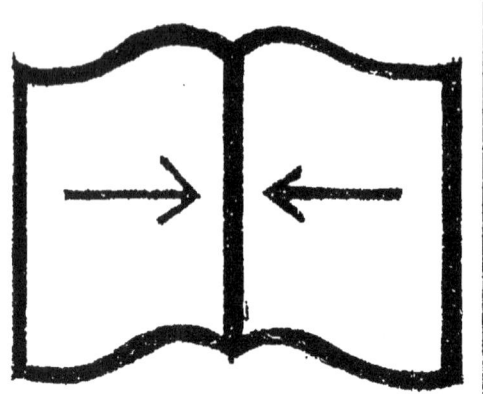

RELIURE SERREE
Absence de marges
intérieures

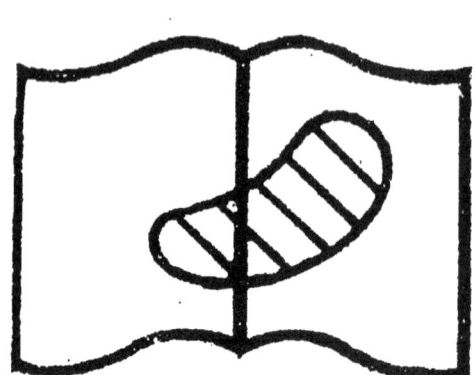

Illisibilité partielle

VALABLE POUR TOUT OU PARTIE
DU DOCUMENT REPRODUIT

LETTRES
DE MADAME
DE MAINTENON.
TOME TROISIEME,

CONTENANT

Les Lettres à Me. de la Viefville, celles aux Dames de St. Louis, & des Lettres de Direction à Me. de Maintenon.

NOUVELLE ÉDITION.

MAESTRICHT,

Chez JEAN-EDME DUFOUR & PHILIPPE ROUX, Imprimeurs-Libraires, associés.

M. DCC. LXXVIII.

TABLE
DES LETTRES

Contenues dans ce Tome Troisieme.

LETTRES de Me. de MAINTENON à Madame de la VIEFVILLE.

LETTRE I—XIV. page 1.
Aux Dames de l'Abbaye de Gomer-Fontaines. 26
XV—XVIII. *A Me. de la Viefville.* 33
A Me. de Champlebon. 35
XIX—XXV. *A Me. de la Viefville.* 36
XXVI. *A Mlle. d'Aumale.* 58
XXVII—XXX. *A Me. de la Viefville.* 59
XXXI. *Des Dames de Gomer-Fontaines, à Me. de Maintenon.* 70
XXXII—XLI. *De Me. de Maintenon à Me. de la Viefville.* 71
XLII. *De Me. de la Viefville à Me. de Maintenon.* 103

TABLE

LETTRES *Aux Dames de St. Louis.*

Avertissement.	page 105
LETT. I. II. *A Me. du Pérou.*	111
III—VI. *A Me. de la Maison-fort.*	117
VII. *A Me. de Montfort.*	122
VIII. IX. *A Me. de Fontaines.*	123
X. XI. *A Me. de Viellhant.*	127
XII. *A Me. de* *.* *.	131
XIII. *Aux Dames de St. Louis.*	133
XIV. *A Me. de R…*	135
XV—XVIII. *A Me. de Fontaines.*	138
XIX—XXIII. *A Me. de la Maison-fort.*	148
XXIV. *Aux Dames de St. Louis.*	156
XXV—XXVIII. *A Madame de Glapion.*	159
XXIX. *A Me. du Pérou.*	166
XXX. *A Me. de Glapion.*	167
XXXI. *A Me. du Pérou.*	168
XXXII. *A Me. de Beaulieu.*	170
XXXIII. *Aux Dames de St. Louis.*	171
XXXIV. *A Me. de Montalembert.*	173
XXXV. *A Me. de…*	175
XXXVI. XXXVII. *A Me. de Glapion*	176
XXXVIII—XL. *A Me. du Pérou.*	176

DES LETTRES.

LETT. XLI. *A Me. de Roquemont.* 185
XLII. *A Me. de Champigny.* 187
XLIII. *A Me. de Fontaines.* 188
XLIV. XLV. XLVI. *A Me. du Pérou.* 189
XLVII. XLVIII. *A Me. de Glapion.* 193
XLIX. *A Me. du Pérou.* 198
L—LIII *A Me. de Glapion.* 202
LIV—LVII. *A Me. de Bouju.* 210
LVIII—LXII. *A Me. de Glapion.* 217

LETTRES de Direction à Madame de MAINTENON.

LETTRE I. *De Mr. de Fénelon.* 224
II. *Du même.* 243
III. *De M. Jolly.* 259
IV. *De Mrs. Tiberge & Brisacier.* 262
V. *De Mr. Tronson.* 263
VI. *Du Pere Bourdaloue.* 264
VII. *Du même.* 272
VIII. *Du même.* 283
IX. *Du Curé de Maintenon.* 285
X. *De l'Abbé de Vaffé.* 291
XI. *Du Pere Gonnelieu.* 295
XII. *De Mr. Huchon.* 296
XIII. *De Mr. Morand.* 298

Fin de la Table.

LETTRES
DE MADAME
DE MAINTENON
A ME. DE LA VIEFVILLE (1).

LETTRE PREMIERE.

Ce 17 *Septembre* 1705.

M R. le Cardinal fort de ma chambre. Nous avons traité toutes vos affaires : il eſt d'avis que vous alliez à Gomer-Fontaines, puiſque votre ſanté vous permet d'y obſerver la regle en arrivant : il conſent à la croix, ſi votre Communauté le veut abſolument. Il m'a appris que les Abbeſ-

---

(1) Abbeſſe de Gomer-Fontaines, élevée à S. Cyr.

ses n'en reçoivent point à leur bénédiction : il approuve que j'écrive à Mr. de Citeaux, & je le ferai le plutôt qu'il me sera possible. Si la Communauté n'a point signé les baux de vos terres, le marché est nul : il espere peu de chose de la dette de Me. de Grancey. Il vous enverra chercher au premier jour ; mais il vous conseille de l'en faire souvenir, car il est accablé d'affaires. Je ne sais si je vous retrouverai encore à St. Cyr, Samedi ou Dimanche : faites là-dessus, Madame, tout ce qui vous convient : je suis sans façons ; vous m'écrirez tant qu'il vous plaira, & je ferai toujours tout ce qu'il me sera possible pour avoir quelque part au bien que j'espere que Dieu fera par vous. Si quelque chose peut vous convenir à St. Cyr, je vous l'offre de tout mon cœur. S'il y avoit quelque fille prête à être Religieuse chez nous, je sortirois de la regle en la laissant sortir avant ses vingt ans, & je payerois sa pension pendant le temps de son noviciat ; mais peut-être jugerez-vous plus à propos de voir votre Communauté avant d'y mener personne. Vous pouvez, quand vous y serez, nous demander du secours pour vos pensionnaires ; vous ne serez jamais embarrassée de celles que je vous donnerai ;

parce que je les renverrai quand elles vous déplairont. Je dicte cette lettre en m'habillant, afin que vous l'ayez plutôt. Je mets au nombre des compliments la maniere cérémonieuse dont vous m'écrivez : que ce soit désormais en billet comme je vous écris : point de commerce ensemble, à moins qu'il ne soit entiérement libre de part & d'autre.

Instruisez-moi de tout ce qui se passera à votre entrée à Gomer-Fontaines. Ayez soin des filles que je vous confierai : traitez-les en mere, quelque jeune que vous soyez. Rien n'est égal à la politesse de Monsieur de Citeaux : vous en jugerez par la lettre que je vous envoye. M. le Maréchal de Noailles me dira ce que c'est que l'Abbé de la Charmoise. Si j'ai contribué à vous donner un bon Confesseur, c'est assurément le plus grand service que je pouvois vous rendre. Comptez, Madame, sur tous ceux qui me seront possibles : votre maison deviendra pour moi un second St. Cyr ; je ne vous parle point de l'estime & de la tendresse que j'ai pour vous : en pouvez-vous douter ?

LETTRE II.

Ce 5 Octobre 1705.

PLût à Dieu que vos filles voulussent m'aimer & me croire! nous ferions du bien : & je ne suis ici que pour cela. Prévenez bien nos filles sur les liaisons : si elles en faisoient, il faudroit les renvoyer au plutôt : rien n'est si dangereux dans les Communautés. Ces désordres, que vous me marquez, décourageroient une moindre vertu que la vôtre : portez votre fardeau, puisque c'est Dieu qui l'a lié.

Travaillez avec modération pour travailler long-temps. D'Aumale (1) doit se trouver heureuse que Dieu se serve sitôt d'elle. Faites-vous aimer, & vous aurez tout fait.

Je ne vous passerai rien : je vous donnerai ce que je pourrai, & je pourrai peu de choses. Les filles de St. Cyr n'ont leurs mille écus qu'à vingt ans : c'est une de

---

(1) Mlle. d'Aumale étoit allée à Gomer-Fontaines, pour aider Me. de Gomer-Fontaines à y établir l'ordre & l'éducation de St. Cyr,

nos regles, & je n'en fors jamais. Si quelqu'une de vos Religieuses avoit quelque niece à vous donner & qui fût pauvre, prenez-en deux, afin de gagner leur cœur par ces petits services ; je payerai leur pension.

Ma premiere lettre est pour montrer à la Communauté, si vous le jugez à propos. Adieu : je suis bien lasse. J'embrasse d'Aumale : je la crois bien étonnée.

LETTRE III.

Ce 11 Octobre 1705.

JE suis ravie, Madame, de ce qu'on se souvient encore de moi à Gomer-Fontaines. Vous savez comme je vous ai parlé de vos Dames, & combien je m'intéresse à cette maison. Cet intérêt est encore devenu plus vif, depuis que j'ai vu une de mes éleves devenir leur Abbesse. Si elles veulent, Madame, j'espere que Dieu sera servi chez vous, & qu'elles répandront des principes de bonne éducation dans toute la Province.

Il est impossible que le spirituel & le temporel n'ayent souffert du long gouvernement d'une Abbesse dont l'esprit étoit affoibli. Dieu leur en donne une jeune, sage, bien intentionnée, que nous aiderons en tout.

Je ne savois point que Mlle. de Blézel fût demeurée à Paris : je crains fort que Mlle. d'Aumale n'ait trop de fatigues : je voudrois bien qu'on lui envoyât le secours que vous demandez, puisque vous m'assurez, Madame, que vos filles voyent les nôtres sans peine : car je ne voudrois point leur faire du bien malgré elles : & les Demoiselles de St. Cyr ne peuvent me plaire qu'en honorant vos Religieuses, & en ne se scandalisant point de ce qui leur est nouveau : chaque maison a ses manieres : ramenez donc mes enfants, si elles s'égarent.

LETTRE IV.

Ce 14 Octobre 1705.

JE vous ai répondu par avance que je suis très-mal habile en affaires. Faites-vous un conseil de votre Confesseur, s'il est capable, & de quelque honnête homme de votre voisinage, s'il est fidele. N'avez-vous pas un Conseil pour les petites affaires de la maison, composé des plus anciennes ? Réfervez-vous toujours à vous la liberté de la décifion : les moins capables ouvrent les bons avis : lorfqu'on s'éclaire mutuellement, celles avec qui on a délibéré, fe trouvent engagées à foutenir ce qu'on veut établir ; mais qu'un Confeil vous aide, & qu'il ne vous contraigne pas.

Je n'ai ofé prêcher vos filles, dès la premiere lettre : je crois n'y avoir rien mis qui puiffe les fâcher.

J'ai oublié la lettre pour Mlle. de Beauveau (1) : c'eft beaucoup qu'elle continue la penfion : on ne les augmente pas en ce temps-ci.

Je mande à Me. de Fontaine de vous envoyer vingt louis pour vos plus preffants befoins : vous me faites une grande pitié !

17 Octobre 1705.

J'ai tiré deux cents livres & fans peine de M. le Cardinal de Noailles ; deux cents de M. le Maréchal, deux cents de M. le Duc, deux cents de Me. la Ducheffe de Bourgogne, & quatre cents du Roi : tout cela fait quinze cents livres, qu'il faut

---

(1) Fameufe dévote.

épargner comme la derniere ressource que vous trouverez en ce pays-ci : si j'avois pu mieux faire, ma chere enfant, je l'aurois fait.

Il faudra faire des cierges : il faudra filer vos habits : vous ne pouvez trop faire travailler vos filles : il faut les occuper & les réjouir au-dedans pour les éloigner des parloirs, qui font la honte & le scandale de tous les Couvents. Je suis toujours ravie, quand j'entends dire aux Dames de St. Louis qu'elles seroient parfaitement heureuses, si les jours avoient deux heures de plus : nous ne les pouvons allonger : remplissons-les du moins par de bonnes œuvres. En vous couchant, quel plaisir n'aurez-vous pas en repassant une journée où vous ne trouverez aucun vuide ?

LETTRE V.

Ce 24 Octobre 1705.

D'Où vient votre silence, ma chere Abbesse ? En vérité, j'étois bien en peine de ne plus entendre parler de vous; je vous avois pourtant écrit deux lettres assez longues & assez obligeantes.

Dès que vous êtes maîtresse des novices, vous avez raison de n'en pas vouloir d'autre : je ne pense pas que Me. de Fontaine vous soit d'un grand secours pour votre noviciat : vous avez vos constitutions, vos regles & vos coutumes, dont il ne faut pas nous écarter. N'y mettez point l'esprit de St. Cyr. Ce sont des obligations toutes différentes. Pour les choses générales qui conviennent à toutes les Religieuses, vous les trouverez en vous-même, comme l'éloignement du monde, le mépris pour les vanités, l'amour de la solitude, le désintéressement. Je ne suis guere entrée dans la raison de commencer votre noviciat promptement, de peur que nos filles ne se liassent avec les anciennes : vous n'en ferez point d'excellents sujets, si elles sont capables de prendre d'autres liaisons qu'avec vous. La Gatine m'a toujours paru une bonne fille : je connois davantage Blezel ; elle s'est conduite comme une Sainte tant qu'elle a été au noviciat de St. Cyr, & quand elle en est sortie. Dès que je serai de retour, je vous chercherai des filles pour être Religieuses, & je vous enverrai Martainville pour aider à Mlle. d'Aumale.

Je suis ravie de ce que vous demandez conseil à votre Communauté : il faut aller là-dessus droit & simplement : rendez-vous aux raisons qui vous convaincront : décidez par vous-même, quand vous trouverez un partage de sentiments. Je ne vous crois point intéressée ; mais dans un grand besoin, j'ai voulu vous faire connoître d'abord ce que je puis & ne puis pas : je suis franche, j'aime qu'on le soit avec moi ; votre vertu m'a plus liée à vous que la qualité de fille de St. Cyr. Je voudrois vous aider à rétablir une maison qui édifiât l'Eglise, & toute la Province. Continuez vos prieres pour le Roi & pour la paix. Je prêcherai votre Communauté, puisque vous le voulez, dès que j'en trouverai l'occasion & le loisir. Je crois que vous devez jeûner selon votre obligation ; consultez M. le Cardinal de Noailles en quatre mots que vous m'enverrez, & où il faudra bien qu'il réponde. N'avez-vous pas vos coutumes dans vos maisons pour faire prendre vos austérités par degrés aux postulantes ?

Ne souffrez pas qu'on se décharge sur vous de tout ce qui embarrasse. M. de Châlons sait bien que le Roi ne paye jamais les pensions, qu'il ne donne pour être Religieuse, que le jour de la profession : après cela elles sont bien payées : & la plupart des Couvents s'en accommodent assez volontiers : mais, ma chere fille, ne prenez jamais, sous aucun prétexte, de médiocres sujets : renvoyez les Demoiselles de St. Cyr, quand vous ne croirez pas qu'elles seront de bonnes Bernardines ? songez que vous en répondrez devant Dieu, qui ne recevra pour excuse ni les ménagements pour Me. de Maintenon, ni la reconnoissance pour vos amis & vos bienfaicteurs.

J'appelle un bon sujet, une fille véritablement à Dieu, qui veut s'attacher à sa regle, qui renonce au monde, qui n'y conserve point de commerce, qui aime à obéir, qui a une bonne humeur, une conscience sans embarras, de la gayeté & du courage. Du Blezel ressemble sans doute à cela. Renvoyez-la, si je me trompe.

LETTRE VI.

Ce 2 Novembre 1705.

VOus savez mieux que moi qu'il y a de la différence des jeûnes de regle à ceux de l'Eglise. Je viens d'envoyer votre lettre à Mr. le Cardinal. Je ne sais si j'aurai bien suivi vos intentions dans ce que j'écris sur le Confesseur. S'il a une vraie piété, il faut tâcher de le garder, quoiqu'il ait peu d'esprit. Rien n'est si difficile à trouver qu'un Confesseur à souhait. Vous êtes admirable de trouver que vos filles sont long-temps à revenir : je trouve que c'est beaucoup que vous puissiez envisager qu'elles reviendront.

N'abandonnez point à une autre les soins du noviciat. J'espere beaucoup de du Blezel. Elle n'a rien de brillant, mais toute la solidité possible ; elle devoit être reçue ici, & nous vous la donnons. Que les Demoiselles que je vous prête, ne voyent point d'hommes ni au-dedans ni au-dehors, afin qu'elles ne nous rapportent rien de mauvais : rendez-nous-les aussi pures que vous les recevez.

Choisissez parmi vos Bourgeois de Gisors quelque homme de confiance. Les personnes de condition sont ordinairement moins utiles.

Je suis bien édifiée de l'emploi de votre temps : je ne crois pas que vous en deviez faire davantage : vous vous devez au gouvernement de votre maison.

Rendez vos récréations gaies & libres ; on y viendra ; c'est un grand bien qui détruit les amitiés particulieres, & contribue à l'union générale. J'embrasse nos filles & les vôtres.

LETTRE VII.

Ce 5 Novembre 1705.

Voici la réponse que Mr. le Cardinal m'a faite pour vous.

» Pour la question de ses jeûnes, je
» crois qu'elle doit supporter l'usage relâ-
» ché de ses Religieuses dont l'âge & l'an-
» cienne habitude demandent cette tolé-
» rance : mais pour elle, elle doit suivre
» la pratique qu'elle a vue & suivie dans
» l'Abbaye d'Argensoles, où elle a pris la
» réforme, & l'établir pour les filles qu'el-
» le recevra : le tout cependant selon leur
» force & leur santé : car les Supérieurs
» dans cet Ordre ont grand pouvoir sur
» les jeûnes de regle ".

J'ai un peu d'opposition à un Confesseur Religieux, parce que je crois que les bons n'aiment pas à sortir de leurs cellules, & que les autres sont dangereux : deux Confesseurs dans votre maison partageront peut-être votre Communauté, ou seront jaloux l'un de l'autre.

Je ne sais pourquoi vous êtes si frappée de ces Communions avant la Messe, car il me semble que Dieu pardonne aifément ce qui n'eſt pas volontaire, & que cet inconvénient ceſſera quand vos filles deviendront plus courageuſes. Servez vous de gens que vous puiſſiez ôter quand il vous plaira, & ſuivez en tout les coutumes de votre Ordre.

N'eſt-ce pas aller bien vîte que de donner le voile au bout de deux mois ? & mettez-vous de la politique dans leur réception ? Ne recevrez-vous pas la niece de vos Religieuſes, ſi c'eſt un bon ſujet, & ne la renverrez-vous pas ſi elle n'eſt pas bonne ? Allons droit, ma chere fille, en tout & par-tout, mais encore plus dans les grandes choſes.

Vous ne ſauriez mieux faire que d'envoyer votre intriguante aux Clairets, & prendre en ſa place une fille ſage & édifiante. Il m'eſt revenu bien des choſes ſuſpectes de . . . .

Je voudrois bien que vous euſſiez une bonne organiſte ; mais j'aimerois mieux que vous n'euſſiez point d'orgue, que d'avoir un mauvais ſujet dans votre maiſon : je ne connois point Me. des Clairets, ainſi je ne ſaurois lui écrire : mais j'en ai tant ouï dire de bien, que je crois qu'un commerce avec elle peut vous être avantageux.

Mandez-moi, je vous en prie, comment vos pensionnaires sont couchées.

J'ai mis entre les mains de Me. de Fontaine 1500 liv. que je vous ai promises, & 170 de plus, parce que le Roi donna quarante louis, au-lieu de quatre cents francs.

Vous devez être bien contente des moindres progrès que vous verrez : c'est beaucoup que vos filles ne s'opposent point au bien que vous voulez. Est-il vrai qu'il y en a qui vous ont été porter de l'argent après une conférence ? Je suis bien fâchée que vous soyez voisine de Me. le Prince : vous aurez de la peine à éviter les affaires avec ses gens.

Vous voyez avec quelle régularité je vous réponds, parce que je vous aime, & que je crois qu'il y a du bien à faire. J'embrasse nos cheres filles.

LETTRE VIII.

Ce 22 Novembre 1705.

JE suis fort aisée à allarmer sur la droiture des Religieuses : elles sont quelquefois sujetes à ne la pas connoître. Le Roi me conta, il y a deux jours, qu'il payoit la pension de trois filles dans un

Couvent : il en est mort une, il y a cinq ans, & ces bonnes filles reçoivent la pension des trois : vous ne doutez pas qu'elles ne communient trois fois la semaine : voilà, ma chere fille, ce qui me donne tant d'envie de travailler à l'examen que vous savez.

Malheur à vos Religieuses quand la chair & le sang leur fera recevoir de mauvais sujets ! Je suis ravie que la novice, que vous venez de recevoir, soit bonne. J'ai été édifiée de ce qu'elle n'a point voulu être parée en prenant l'habit : ce n'est pas que je désapprouve qu'on en use autrement en plusieurs Couvents : ce sont des coutumes qui ont leurs raisons, & qui ne blessent point les loix de la Morale, comme le vol de nos saintes Religieuses.

Dieu veuille que vous ne vous repentiez point d'avoir été si vîte pour nos filles de St. Cyr, reçues après deux mois de noviciat ? Je suis ravie que vous les aimiez : mais cachez cette prédilection injurieuse pour les autres.

Je ne prétends pas vous avoir fait un présent de Mlle. d'Aumale : je vous l'ai prêtée, & je prétends bien la reprendre.

Pourquoi ne me mandez-vous pas positivement : J'ai reçu les 1670 liv., ou je ne les ai pas reçues? Etes-vous Normande? ne savez-vous point dire oui & non? Pour moi, je suis précise, & veux savoir mon compte.

Vous ne pouvez jamais vous donner toute entiere au gouvernement spirituel: il faudra toujours que vous vous mêliez du temporel. J'approuve tout-à-fait l'ordre que vous avez établi : les Abbesses n'ont pas accoutumé d'en user ainsi : elles regardent le bien de la maison comme leur propre bien : elles en disposent absolument sans en rendre compte à personne : il n'y a dans cette conduite ni pauvreté, ni obéissance.

Avez-vous aussi la folie du chant, & serez-vous de ces Religieuses qui ont la poitrine blessée du chant d'obligation, & qui sont très-fortes pour chanter tout ce qui leur plaît? Vous m'allez trouver fort inhumaine : j'avoue que je fais grand cas de celles qui remplissent leurs devoirs, & qui ne cherchent rien de plus.

LETTRE IX.

Ce 28 Novembre 1705.

J'Ai à répondre à deux de vos lettres, l'une du 23, l'autre du 24; vous aurez des miennes, tant qu'elles pourront vous êtes utiles. Je me borne à celles-là, & je vous conseille de m'imiter. Je suis persuadée que le silence des Religieuses regarde les lettres comme la conversation : vous me trouverez peut-être un peu sévere : mais tant que je serai en commerce avec vous, ma chere Abbesse, je vous dirai la vérité.

Je souhaite que les parents de vos pensionnaires consentent à l'habit uniforme que vous voulez leur donner. Elles seront toujours assez bien vêtues, si elles sont chaudement en Hyver, fraîchement en Eté, & toujours des corps bien faits. J'ai envoyé votre lettre au P. de la Chaise : je souhaite qu'il donne quelque chose à la petite de Levi, afin que tout ne tombe pas sur le Roi. Il me paroît que malgré vos affaires, vous vous divertissez un peu, & vous faites fort bien. Ce n'est pas à moi à inspirer la piété : mais c'est encore moins à vous à vous impatienter du peu de progrès que vous voyez dans vos filles : n'êtes-vous pas trop heureuse, en attendant mieux, qu'elles vous laissent faire, & qu'elles ne prennent pas en aversion les Demoiselles de St. Cyr ? Priez beaucoup pour elles : donnez-leur un bon exemple : traitez-les avec douceur, & attendez tout le reste de Dieu. Si je puis obtenir une loterie pour vous, je n'y manquerai pas.

Croyez que vous êtes bien avec moi quand je vous appelle opiniâtre, & que je n'injurie que les personnes que j'aime. Je ne vois rien à répondre à la lettre du vingt-quatre, si ce n'est que l'ortographe va mieux, mais pas si bien que vous pensez.

Il ne faut pas que vous fassiez un grand fond sur les secours de St. Cyr, parce qu'ils roulent sur ma vie, & qu'on ne vous peut donner les filles qu'à l'approche de vingt ans : encore est-ce une licence que les Dames de St. Louis n'auront point après ma mort. Adieu, Madame, adieu, mes cheres filles.

LETTRE X.

Ce 6 Décembre 1705.

J'Ai à répondre à votre lettre du 2. Je crois M. l'Abbé de Vaſſé bien intentionné : mais tout ce qu'il penſe ſe réduit à me faire agir : & je ſais mieux que lui ce qui me convient.

Pour répondre à la queſtion que vous me faites, il faudroit ſavoir quelle eſt la faute & le caractere de la perſonne que vous voulez reprendre : la maxime de St. Cyr eſt de commencer toujours par la douceur.

Je vous envoye trois petites penſionnaires : l'une eſt un enfant dont j'ignore la naiſſance (1) : les deux autres ſont Demoiſelles : c'eſt en attendant qu'elles entrent à St. Cyr.

Soyez ponctuelle, je vous prie, nette & préciſe en affaires : adreſſez-vous direc-

―――――――――――――――――

(1) C'étoit un enfant de cinq ans, qu'elle trouva ſeul ſur ſon chemin, ayant ſeulement un billet qui marquoit ſon âge & ſon baptême. Me. de Maintenon s'en chargea : on lui faiſoit ſouvent de pareils préſents.

tement à moi. J'ai été deux mois à vous demander une adresse pour vous écrire : il y en a un que j'attends les noms des petites Demoiselles que vous avez prises. J'aime l'ordre : tous ces détails doivent être écrits sur un livre. Je ne brûle vos lettres qu'après y avoir répondu, & je ne passe pas un article. Ne vous amusez point à me faire des compliments : temps perdu : tâchons de rétablir votre maison : j'espere vous donner un petit secours à la fin de Janvier, ou au commencement de Février.

LETTRE XI.

Ce 14 Décembre 1705.

Vous avez raison d'être embarrassée, Madame, & il est difficile d'établir la régularité d'une maison, sans avoir des personnes de confiance. En général, il ne faut pas en mettre de jeunes à la porte, parce qu'elles sont plus exposées : mais vous n'avez pas à choisir. Nos filles ne sont pas infidelles; mais elles peuvent aisément se gâter.

Je viens d'écrire à M. l'Abbé Brunet avec tout l'empressement dont je suis capable : vous êtes fervie avec une ponctualité qui m'étonne moi-même : car je trouve toujours du temps pour vous. Il me paroît que Dieu vous protege particuliérement. Je lui demande pour vous que vous préfériez toujours le fpirituel au temporel. Je vous dis ce que je penfe; mais je ne prétends pas vous gêner ni fur vos chants, ni en autre chofe. Votre Maîtreffe des Novices écrit de très-bons fens : lui ai-je répondu de même ? accoutumez-la à vous mêler de fon noviciat en la foutenant. On dit que vous veillez pour avoir plus de temps : je vous conjure, ma chere fille, de vous contenter de bien remplir vos journées. M. le Cardinal de Noailles a toujours la goutte. Le Duc de Noailles s'en va en Rouffillon pour fervir en Efpagne : priez pour eux.

LETTRE XII.

Ce 20 Décembre 1705.

CE n'eft pas à ce que vous m'écrivez que je veux répondre aujourd'hui, mais à tout ce qui me revient de vous. Je vous conjure, ma chere fille, de profiter de mon expérience, & de ne vous laisser pas aller à tous les goûts de St. Cyr. On y a eu long-temps celui des manuscrits : & ils nous y ont fait tant de mal, que nous avons été contraints de les proscrire. J'ai dit qu'il ne falloit pas vous envoyer les *méditations* que vous demandez : toutes ces écritures-là ne sont qu'une grande perte de temps : il y a tant de si bons livres, & il vous en faut si peu ! Le nouveau Testament, l'Imitation, Grenade, Rodriguez, St. François de Sales, le livre de votre Ordre, en voilà plus qu'il ne faut pour vous sanctifier. Le long temps que vous êtes à l'Eglise, joint aux charges de votre maison, ne vous laisse guere de loisir, & ce n'est pas un malheur : la lecture fait plus de mal que de bien aux filles. Celles qui sont simples se contentent des livres que j'ai marqués : & encore y en a-t-il qui en savent faire un mauvais usage. Les autres font les beaux esprits, & excitent une curiosité insatiable : nous avons éprouvé tous ces inconvénients ; encore une fois, je voudrois bien que vous profitassiez de nos fautes.

N'êtes-vous point un peu indiscrete de vouloir garder Mlle. d'Aumale, parce qu'elle vous est bonne, sans penser qu'elle nous l'eſt auſſi ? prenez donc votre réſolution, ma chere Abbeſſe, de me la renvoyer vers les jours gras.

Je vous conjure, ma chere fille, de marquer moins de goût pour St. Cyr : j'ai peur que vos anciennes ne vous haïſſent : marquez-leur de l'amitié : pour moi, j'en ai beaucoup pour elles : je meurs d'envie de vous aider à rétablir leur maiſon, & à aſſurer leur repos & leur ſalut.

LETTRE XIII.

Ce 31 Décembre.

CE ſera M. l'Abbé Brunet qui vous rendra ma lettre : vous ne pouvez, Madame, prendre trop de confiance en lui : c'eſt un véritable Saint qui ne cherche que le ſalut des ames, & qui va vous trouver, rempli de zele pour vous & pour votre Communauté. S'il comptoit les recommandations, je vous dirois qu'il a celle de M. le Cardinal & la mienne qui ſeroient des meilleures auprès de lui. Je ne ſais ſi vos filles goûteront ſa ſimplicité. Je ſuis ſûre que celles de St. Cyr ſeroient ravies de le voir & de l'entendre ; car, graces à Dieu, on n'eſt plus bel eſprit

esprit à St. Cyr, & l'on y a acquis le bon goût de la simplicité & de la solidité.

Il est très-aisé de comprendre qu'on peut vous aimer : mais nos filles auroient grand tort, comme vous dites, de se faire Religieuses pour l'amour de vous. Dieu seul mérite ce sacrifice : Dieu seul peut en dédommager.

Mettez dans votre lettte à M. le Prince que vous auriez pu lui faire parler par M. le Cardinal de Noailles, ou par Me. de Maintenon ; mais que vous voulez tenir tout de sa seule bonté. Si j'ai quelque pouvoir sur vous, vous ne veillerez plus. Je serai charmée de vous trouver demain ici à la tête de mes cheres filles, qui me sont doublement cheres par la bonne conduite qu'elles ont auprès de vous.

LETTRE XIV.

Ce 6 Janvier 1706.

VOus voulez que je prêche vos filles ; je vous obëis simplement ; mais je vous prie ; que mes lettres ne soient point vues ; on se moqueroit de moi. Je suis très-contente de la visite que vous m'avez faite le premier jour de cette année. S'il y avoit quelque chose qui déplût dans la lettre que j'écris à la Communauté, il n'y a qu'à la brûler : j'en écrirai une autre.

Aux Dames de l'Abbaye de Gomer-Fontaines.

Votre amitié, Mesdames, me fait un sensible plaisir, & m'autorise à vous parler avec autant de liberté que je parle à St. Cyr : il me semble qu'étant la mere de votre Abbesse, je suis en droit de vous traiter comme mes filles. J'espere que vous bénirez Dieu de vous l'avoir envoyée, & que secourue par vos avis & par votre zele, votre maison sera l'exemple & l'édification des autres. Je sais que la régularité ne peut se soutenir quand le temporel manque, & qu'il faut que vous receviez vos pressants besoins de vos parents, quand votre Communauté ne vous les donne pas : terrible compte pour celles qui ont ruiné la maison & dissipé les dots des Religieuses : elles ont à répondre de tous les maux qui ont suivi ce manque de conduite. Je vous aiderai à vous remettre dans la regle, dont le besoin vous a peut-être forcées de sortir. Je prie Dieu de vous donner son esprit, & de vous éloigner de celui qui regne en quelques Abbayes; du goût du monde qu'elles croyent heureux, parce qu'elles ne le connoissent pas; de l'envie d'être visitées dont ce même monde se moque; car tout corrompu qu'il est, il est sévere; du desir de s'accroître & de s'enrichir, entiérement opposé au vœu de pauvreté; de la vanité qui se glorifie de sa naissance & des biens des parents; de la curiosité qui fait qu'on voudroit tout connoître & tout savoir pour briller au parloir qu'on devroit haïr comme la cause de tous les désordres des Couvents; du plaisir de recevoir & de faire des présents, commerce défendu à celles qui sont mortes au monde, si leur sacrifice n'est pas une vaine cérémonie. Voilà ce que je demande pour vous, Mesdames, dans l'espérance que vous demanderez pour moi ce que vous croyez qui m'est nécessaire. Je demande encore que vous soyez de dignes filles de vos saints Instituteurs, que vous soyez la consolation & la joie de votre Abbesse, que vous lui aidiez à rétablir votre maison, que vous ne soyez toutes qu'un cœur & qu'une ame, que vous trouviez vos plaisirs parmi vous, que vos récréations soient communes, innocentes, simples; que vous haïssiez le monde autant que Notre Seigneur le hait, que vous n'estimiez que la piété, que vous me croyiez autant, &c.

LETTRE XV.

Ce 15 Janvier.

J'AI reçu hier, Madame, votre lettre du 13, elle contient bien des choses dont je ne suis point contente. Il y a deux pages de louanges, & il n'en falloit pas un mot. Vous montrez les lettres que j'écris à votre Communauté. Je fais simplement ce que vous desirez de moi pour vous aider, & vous renvoyez ma lettre à M. le Cardinal, & vous souffrez qu'elle coure dans vos Couvents. Je ne suis pas fâchée que vous me donniez un grand ridicule : mais je le suis fort de ce que vous ne gardez pas pour vous seule ce que je fais pour vous seule.

Je crois qu'une Communauté peut mettre à une loterie, mais qu'une Religieuse ne le peut pas. J'y ai mis pour vous : consultez M. l'Abbé Brunet. Je ne saurois encore écrire de ma main : mais vous ne vous plaindrez pas de mon Secrétaire (1).

(1) Cette lettre est écrite de la main de Me.

LETTRE XVI.

Ce 5 Février 1706.

IL est vrai, Madame, que j'ai été tout-à-fait fâchée contre vous : je vous redemandois Mlle. d'Aumale d'une maniere si pressante, elle m'étoit si nécessaire alors, que je croyois que vous me deviez cette complaisance. Elle m'assure que vous n'avez pas hésité, dès la premiere lettre : mais, en vérité, elle ne me paroît guere croyable sur votre chapitre. Vous aurez vu que je vous ai soupçonnée d'avoir feint de n'avoir pas reçu mes lettres. Je serois très-blessée que vous eussiez ces détours : je ne vous laisserai rien passer sans vous le dire : car l'ouvrage de votre perfection est si avancé, que je voudrois aider à l'achever. Tout ce que Mlle. d'Aumale me raconte de vos Religieuses me

---

la Duchesse de Bourgogne, qui, pour former son style, se prêtoit volontiers à cet exercice. Un jour Me. de Maintenon ayant préféré Mlle. d'Aumale, la Princesse lui dit : „ Adélaïde de Sa-
„ voye n'est-elle pas assez bonne Demoiselle pour
„ vous servir "?

les fait aimer tendrement. On n'eſt pas mauvais quand on prend le bien ſi facilement. Vous ſeriez bien ingrate, Madame, ſi vous ne remerciiez Dieu de ce qu'il fait pour vous ! Il y a bien des maiſons où l'on n'en auroit pas tant fait en dix ans. Je crois que vous devez vous délivrer du ſeul mauvais eſprit que vous ayez. Ce que Mlle. d'Aumale m'a dit de l'attachement des filles de Saint-Cyr pour vous, eſt ce que j'ai appréhendé, quand je les ai vues aller ſi vîte : elles ſeront bien malheureuſes ſi elles ſe font Religieuſes pour vous : vous pouvez leur manquer en bien des façons : n'oubliez rien pour les élever à Dieu, le ſeul qui ne nous manque jamais.

LETTRE XVII.

Ce 23 Février 1706.

C'Eſt la folie de tout ce qui a été élevé à St. Cyr d'aimer mon écriture : il faut pourtant s'accoutumer à s'en paſſer : & il me ſemble que mon Secrétaire vous eſt aſſez agréable pour que vous ſoyez contente de ce que je vous dirai par lui : j'ai beaucoup de peine à écrire :

je ne désespere pourtant pas de le pouvoir faire encore quelquefois. Je vous ai soupçonnée de finesse : je suis bien-aise de m'être trompée. Quoique vous ne soyez pas bien vieille, je vous crois assez versée dans la spiritualité pour savoir que ce n'est pas le goût qu'on trouve dans la dévotion qui en fait la solidité. Tant que vous ferez ce que vous devez, vous serez assurément fort agréable à Dieu, & vous le savez mieux que moi. Vous aurez souvent à consoler des filles là-dessus. Nous serions tous bien malheureux, si notre salut dépendoit d'une ferveur sensible qui ne dépend pas de nous.

M. de Chamillard vient de me mander que je toucherois Lundi les sept mille francs que je lui ai demandés pour vous. Entre les mains de qui voulez-vous que je les mette ? Employez cette somme bien utilement ; vous n'en toucherez guere de plus grande, selon les apparences. Ne vous mettez point en tête de faire des affaires ; elles sont très-difficiles, & la plupart injustes ; je le connois si bien, que je n'ai pas pensé autre chose qu'à demander cette somme tout franchement à M. de Chamillard ; ce que je n'ai jamais fait depuis que je suis à la Cour ; mais j'ai cru faire un bien en vous aidant à rétablir votre maison. Tout ce que je vous dis-là n'est pas pour m'attirer des remerciments, mais pour vous faire voir que les secours sont difficiles, & que c'est le dernier de cette force-là que je vous donnerai. Je me contenterai de payer bien régulièrement les pensions de toutes mes filles, dont le nombre va bien augmenter, si Mlle d'Aumale continue ; car elle ne songe qu'à en débaucher à St. Cyr.

Quand je vous ai parlé sur les récréations, j'ai cru que vos filles les faisoient en commun : il ne faut pas les y forcer ; mais comptez que c'est un très-grand bien & une grande régularité. Si j'ai fait du bien à St. Cyr, c'est par l'assiduité que j'ai eue à leurs récréations : c'est-là qu'on se fait aimer par la complaisance ; c'est-là qu'on les connoît, & qu'on les réjouit ; c'est-là qu'on jette, en passant, des maximes qui font plus d'impression que ce qu'on dit dans des exhortations préparées ; c'est-là ce qui lie la Supérieure avec ses filles : c'est-là ce qui met l'union dans une maison ; c'est ce qui en ôte les partialités, les entretiens particuliers, les dangereux épanchements de cœur, & les murmures plus dangereux encore. Quand les filles se sont débandé la tête deux heures par jour, elles ne sont pas pressées de chercher d'autres délassements. Et combien une Supérieure n'y pratique-t-elle pas de vertus par les travers d'esprit qu'elle trouve & qu'elle supporte?

LETTRE XVIII.

Ce 4 Mars 1706.

VOus me trouverez encore plus opiniâtre sur les grandes pensionnaires: il vaudroit mieux que la moitié de votre maison fût vuide, que d'avoir des sujets dangereux; & les grandes filles sont si fort sur ce pied-là, que les Evêques sont contraints de les défendre dans tous les Couvents : j'excepte de cette regle les personnes qui, par leur âge, voudroient faire une véritable retraite & une entiere séparation du monde; mais pour celles qui s'ajustent, qui vont au parloir, qui s'ennuyent, qui reçoivent vos Religieuses dans leurs chambres, nul intérêt ne doit vous les faire souffrir.

Si, pour payer vos dettes, vous vendez les contrats de vos filles, vous faites une injustice & une imprudence; une injustice, en les mettant en péril de manquer de tout, & de retourner chez leurs parents, si votre maison acheve de se ruiner; une imprudence, en ne vous faisant pas de leurs dots un revenu qui est le véritable bien des particuliers & du général de la Communauté. Je sais que les Couvents ne s'en font point un scrupule, & que la plaisanterie est de dire qu'ils mangent tous les ans une ou deux filles; mais au jour du jugement, on ne plaisante point; & voilà de ces péchés que je voulois mettre dans l'examen que je projettois. Ne nous contentons pas d'avoir de la droiture dans nos discours, ma chere fille, ayons-en dans toute notre conduite, & ne nous laissons pas emporter au torrent de la coutume, qui n'excusera personne devant Dieu.

Je ne suis pas plus capable de juger des attraits que des vocations. Mais je crois qu'il ne faut rien forcer, ni précipiter. Vous travaillez trop, vous ne dormez pas assez : Mr. Fagon n'a pas de remede contre une telle conduite. Est-il possible que vous soyez encore assez enfant pour vouloir de mon écriture, au préjudice de ma santé ? cela est bon pour une Demoiselle de St. Cyr, mais une vénérable Abbesse!..... Il faut pourtant en venir à cette écriture si chérie, pour vous dire que je vous aime tendrement. Voilà une lettre pour

Mademoiselle de Champlebon (1).

Puisque Dieu vous a rendu la santé à Gomer-Fontaines, & en même-temps donné l'envie d'y demeurer, apparemment, ma chere fille, c'est-là qu'il vous veut. Pensez-y bien encore avant de vous y engager; & si votre vocation continue, faites votre sacrifice; mais faites-le tout entier, je vous en conjure; que ce ne soit pas une simple cérémonie, comme font beaucoup de Religieuses : mourez au monde ; ne le reprenez pas au parloir, après l'avoir renoncé à la grille : haïssez-le, comme l'ennemi de Notre Seigneur; il est déja condamné à cause de ses scandales : méprisez ses vanités, ses maximes, & tâchez en tout de juger par rapport à l'Evangile. Les Religieuses sont sujettes à croire le monde aimable ; elles en adorent la pompe, la magnificence, les parures ; & ce monde même, scandalisé du peu de piété qu'elles montrent, est tout étonné de plaire tant encore.

_____

(1) Muzard de Champlebon, née en 1686.

LETTRE XIX.

Ce 25 Mai 1706.

Madame de Barneval, mere des deux petites Irlandoises que je vous ai envoyées, voudroit bien se retirer avec elles auprès de vous. C'est une femme de qualité par elle-même & par son mari ; elle aime fort les Couvents, & y a toujours été quand son mari alloit à l'armée. Aujourd'hui elle refuse tous les autres partis qu'on lui propose ; elle est encore jeune, bien faite, fort estimée à la Cour d'Angleterre : la misere lui est toute nouvelle ; d'un état fort commode, elle passe subitement à la plus grande indigence ; elle ne peut donner que 400 liv. de pension (1) pour elle & pour une femme de chambre dont elle ne sauroit encore se passer. Voyez, Madame, ce que vous voulez faire là-dessus, & croyez que je serai aussi contente d'un refus que d'un consentement ; mais si vous la recevez, marquez bien toutes les conditions

⸻

(1) C'étoit Me. de Maintenon qui payoit cette pension.

du marché ; après tout, ce ne seroit pas un lien indissoluble.

Allez droit, ma chere Abbesse : n'ayez pas tort : après cela, souffrez en paix le mal qu'on dira de vous ; la vérité n'est pas long-temps étouffée.

Vous ne serez point grondée de me parler en faveur de M. de Beaulieu ; mais je ne puis rien pour lui ; je me suis fait une loi de ne point demander de Bénéfices ; & si je demandois celui-ci, je ne l'obtiendrois pas : c'est à votre saint Cardinal à en solliciter pour lui, ou à lui en donner ; chacun son rôle.

Les vers qu'on a faits contre vous, Madame, sont à votre louange ; heureux ceux qui souffrent pour la justice !

Je suis très-fâchée du désordre qui est chez vous ; mais je n'en suis point surprise ; il n'y a qu'une extrême régularité qui puisse les prévenir & les terminer, & c'est à quoi vous devez vous occuper toute votre vie. Ne croyez pas légérement tout ce qu'on vous dit, & examinez bien les rapports avant d'y ajouter foi ; mais quand vous savez les choses certainement, il faut encore une fois ôter toutes les occasions. Si vous êtes ferme là-dessus, si vous priez pour vos filles, si elles ne voyent en vous que douceur & que patience, elles feroient bien opiniâtres, si elles ne revenoient; mais Dieu seul en sait les momens.

Je me suis presque toujours mal trouvée d'avoir reçu des personnes de la main des Saints. Je ne doute point de la pauvreté de Mlle de..... c'est à nous à vêtir sa mendicité.

Il n'est point mal-à-propos qu'une Supérieure soit un peu soupçonneuse, pourvu qu'elle sente qu'elle l'est, & que les autres ne s'en apperçoivent jamais. Vous ne pouvez trop veiller sur votre Communauté; mais j'ai toujours vu que la maniere la plus utile d'y établir & d'y maintenir la régularité, est une entiere séparation des hommes, quels qu'ils puissent être : les gens de robe, les Ecclésiastiques, les domestiques, les paysans, les jeunes, les vieux, les bien faits, les difformes, les maîtres, les disciples, tout peut être dangereux, & vous ne sauriez user de trop de précautions. Soyez trèsferme à vous opposer aux entrées; rendez les parloirs les plus désagréables que vous pourrez; voyez toutes les lettres qui entrent & qui sortent. Vous avez raison de croire qu'il y a un peu d'amourpropre à vouloir voir votre ouvrage parfait : il ne le fera jamais. Soyez-en bien perſuadée, & que Dieu ne vous demande que votre travail & votre application. Je vous plains bien de perdre Mlle. d'Aumale. Vous me demandez une fille de ſon caractere & de ſon eſprit ; ſi vous en connoiſſez une, je vous prie de me l'envoyer à tout prix. J'en ferai une Dame de St. Louis aſſez bonne.

LETTRE XX.

Ce 23 Novembre 1706.

JE ne puis approuver qu'on mépriſe les Bourgeois, quand il y a de la vertu : nous ne nous conduiſons pas ici ſelon ces maximes-là, & nous nous en trouvons fort bien.

Travaillez, ma chere fille, à mettre chez vous le bon eſprit, l'eſprit de Dieu, l'eſprit de déſintéreſſement, l'eſprit droit, l'eſprit ſolide, l'eſprit d'obéiſſance, l'eſprit de pénitence, l'eſprit de ſolitude. Que les Couvents, qui n'ont pas cet eſprit, ſont à plaindre de ce que l'Evangile y eſt ſi peu connu ! On y aime le monde, on l'admire, on le croit heureux, on en convoite les richeſſes, on y eſtime la grandeur, on y méprise les pauvres. Convient-il à des Religieuses d'être honteuses quand leurs parents sont mal vêtus, de tirer de la gloire quand ils viennent les voir dans des parures, d'être affamées d'entendre parler des modes, d'être extasiées si l'on leur raconte quelque chose des Princes, & de ne parler jamais de Dieu aux séculiers qui entrent chez elles, ou qui les viennent voir? Le personnage d'Abbesse ne fourniroit pas moins de sujet de déplorer leur ignorance ; mais, graces à Dieu, vous connoissez vos obligations ! Si vous voulez me promettre de lire St. François de Sales, de ne pas vous dégoûter de son vieux langage, & de prendre son esprit, je vous enverrai ses ouvrages.

Mlle. de N.... est-elle mortifiée de la pauvreté de sa famille, ou pour mieux dire, en est-elle humiliée ? Les Demoiselles de St. Cyr ne font-elles pas preuves de pauvreté comme de noblesse? Et est-il possible que des filles, qui ont le courage de se sacrifier par des vœux de Religion, n'ayent pas celui de s'avouer pauvres devant tout le monde ?

Dites bien doucement à vos riches Bourgeoises, que si les choses étoient dans l'ordre, elles seroient femmes de chambre de ces pauvres Demoiselles ; mais dites fortement à vos Demoiselles, qu'elles doivent baiser avec joie les pieds de ces Bourgeoises, & que tout est égal devant Dieu.

Vous avez grand tort, ma chere fille, de laisser entrer si librement des séculiers dans votre maison : c'est un des plus grands maux : je ne finirois pas, si j'entrois en matiere. St. Cyr n'est régulier que par le soin que j'ai pris de ne laisser aucun commerce aux Dames de St. Louis ; elles n'ont jamais parlé à aucune Dame de la Cour ; & quand j'y en reçois quelqu'une, je ne la quitte pas. Les Demoiselles de St. Cyr sont émancipées par Lettres-patentes du Roi, pour disposer de leur dot ; & il n'est nullement nécessaire que les parents ratifient : on le conseilla encore, il y a peu de jours, à M. Voisin (1).

Quant aux précautions pour le salut des ames, je crois qu'on les sauve en leur ôtant les occasions de se damner ; c'est-là où il faut couper dans le vif : point de condescendance, quand on peut éviter le péché. Il n'est pas étonnant que ces pau-

---

(1) Directeur temporel de la Maison de St. Louis.

vres créatures prévenues fentent de grandes peines de ce qu'on fait pour leur bien ; mais c'eſt ce qu'il faut adoucir par une charité qui les perfuade qu'on les aime véritablement, & que dans tout ce qui ne fera pas péché, on aura pour elles toutes fortes de complaifances.

Le Roi a fu la part que vous avez prife aux affaires d'Argenfolles ; tout lui revient ; mais je vous affure que vous n'en êtes pas plus mal avec lui.

Il faut regarder fi ces fautes, que vous craignez, font de conféquence ; j'aimerois mieux qu'une charge fût un peu plus mal faite, que de fâcher mes anciennes Religieufes ; mais j'aimerois mieux les fâcher, que de les expofer à des fautes qui feroient contre la régularité que vous voulez établir.

Quand une fille cherche à plaire aux hommes, on ne peut trop lui ôter l'occafion de les voir ; il n'y a que la féparation entiere qui puiffe être un remede à cette maladie : du refte, il ne faut être dure à pas une, ni jamais les rebuter ; il faut leur parler très-fouvent en particulier, leur dire franchement ce que vous croyez de mal en elles, commencer par le plus preffé, ne leur pas dire tout à la fois, ne paroître point étonnée de leurs fautes, leur témoigner de l'amitié, les persuader que vous répondez à Dieu de leur ame, que vous avez de la peine à leur en faire, que vous voulez les aider à se sauver, & leur faire cent caresses qui leur disent que si vous les gênez en quelque chose, ce n'est que par amitié : ce n'est point l'autorité qui touche le cœur, & la douceur d'une amie n'est point incompatible avec la fermeté d'une Abbesse,

Votre Communauté ne sait ce qu'elle dit, quand elle veut que vous vous amusiez à écouter les propositions du Receveur de Mr. le P. de Conti. Ces gens-là veulent faire leur fortune par moi ; & comme je ne le veux point, je ne veux point aussi leur donner des espérances : il y auroit de la mauvaise foi. Ce n'est point aux Couvents à faire des affaires, mais à gémir de celles qui se font dans le monde.

Je ne suis point surprise de vous voir si contente de Me. de Barneval : je n'ai guere connu de femme plus aimable, &c.

Adieu, Madame ; je vous dirai toujours ce que je pense : car je desire ardemment que vous fassiez une maison édifiante, & que vous soyez le modele des Abbesses.

LETTRE XXI.

Ce 3 Janvier 1707.

JE ne doute point de la sincérité de vos vœux, ma chere Abbesse, & vous me devez la même justice : songeons l'une & l'autre à nous sanctifier, vous pour édifier le monde & les Couvents, moi pour paroître devant Dieu quand il lui plaira.

Les filles de la Visitation qui ont établi ici l'esprit religieux & la confiance dans la Supérieure, nous ont appris ces entretiens particuliers dont on se trouve très-bien. Je sais que ce n'est pas la coutume dans la plupart des maisons religieuses, où on regarde même cette reddition de compte des filles de Ste. Marie comme excessivement gênante. Ce n'est point de ces sortes d'entretiens par méthode dont j'ai voulu vous parler, quand je vous ai conseillé de voir vos filles en particulier. Je n'y voudrois aucune contrainte ; mais je me contenterois de ce qu'elles voudroient me dire. Vous ne les conduirez à Dieu que par la confiance qu'elles auront en vous. Vous n'établirez la régularité chez vous que par l'amitié que vous aurez pour elles : comment tout cela se fera t-il sans les connoître ? comment les connoîtrez-vous, si vous ne les voyez jamais seules ? comment vous aimeront-elles, si vous ne les persuadez que vous les aimez ? comment les en persuaderez-vous, si vous ne consolez l'affligée, si vous n'entrez dans les maux de la malade, si vous n'instruisez la scrupuleuse, si vous ne réjouissez la mélancolique ? Tout cela vous paroîtra difficile ; & vous avez raison ; mais c'est-là le seul gouvernement solide : tout le reste n'est qu'un arrangement extérieur. Je conviens avec vous que c'est une pratique très-pénible : il faut dire beaucoup de paroles qui paroissent inutiles : il faut essuyer les travers des esprits, leur grossiéreté, leur artifice, & traiter tout cela avec douceur.

Vous ne pouvez souffrir, dites-vous, qu'on manque de sincérité ; c'est pourtant le défaut attaché aux Couvents. Dans tous les états, il faut être capable de tout souffrir, ou ne pas se mêler de gouverner. Cette sainte Cour que je vous propose est bien différente de celle que plusieurs Abbesses veulent recevoir de leurs filles : elles auront aussi un sort très-différent : ce dessein de s'insinuer dans leur cœur pour les porter à Dieu sera récompensé, quand même il n'aura pas eu de succès.

Votre maison ne sera jamais bien gouvernée, que vous ne la conduisiez vous-même : il faut que votre Confesseur vous renvoye toutes vos filles, excepté sur leurs péchés, & qu'il ne se mêle de rien ni directement ni indirectement de ce qui se passe dans la maison.

Je vous trouve trop soumise à mes conseils : j'aimerois mieux que vous me dissiez vos raisons, & même que vous disputassiez un peu : je ne veux point vous tyranniser.

Si votre Confesseur a le courage de me regarder en face, j'espere qu'il s'accoutumera à moi. Vous dites que vous avez parlé à la Religieuse en question, & que vous lui parlerez encore une fois ; vous seriez bienheureuse, si vous pouviez la gagner en lui parlant vingt fois ; armez-vous de patience, si vous voulez faire l'œuvre de Dieu. Je vous embrasse de tout mon cœur, vous & nos cheres filles.

LETTRE XXII.

Ce 14 Janvier 1707.

JE suis charmée, Madame, que vous ayez goûté la joie de la naissance de Mr. le Duc de Bretagne; mais la mienne a été troublée par la mort de deux proches parents, & ensuite par celle de Me. de Montgon, fille de Me. d'Heudicourt, que j'aimois fort, & qui avoit été presque élevée par moi: les couches de Me. la Duchesse de Bourgogne, la douleur de mon amie, la mienne, tout cela joint aux incommodités que j'ai souvent, ne m'a guere laissé de temps: c'est ce qui m'a empêché d'écrire à nos filles: on laisse ses enfants pour s'occuper des étrangers, quoiqu'on les aime tendrement; d'ailleurs je n'écris plus que pour des choses nécessaires ou utiles.

La piété n'est qu'une hypocrisie, quand elle n'est pas intérieure: je crois que le véritable intérieur est l'occupation de Dieu, la pureté d'intention dans tout ce que nous faisons, & de marcher dans sa présence; mais, ma chere Abbesse, ne rendez point nos filles des discoureuses spirituelles : rien n'est plus dangereux & plus inutile : qu'elles ne lisent guere ; qu'elles parlent peu sur les matieres relevées ; qu'elles gardent leurs regles ; qu'elles s'éloignent du monde ; qu'elles travaillent de leurs mains : voilà le moyen d'avoir une Communauté réguliere.

J'écrirai le plutôt que je pourrai à M. de Courson : je crains que M. d'Arnouville ne soit pas effectif.

N'écoutez nulle proposition sans rentrer en vous-même, avant que d'y répondre, & dites : Ce qu'on me propose est-il bon pour la régularité de ma Communauté ? Si votre conscience vous répond, non, refusez qui que ce puisse être. Oui, Madame, vous devriez me refuser, si je voulois vous donner quelque personne qui n'y fût pas édifiante : votre premiere obligation est le bien spirituel de votre maison.

Cette digression n'est point par rapport à la Religieuse que vous prenez, puisque vous en êtes édifiée, mais une instruction que je donne à ma fille l'Abbesse, puisqu'elle m'en demande souvent.

LETTRE

LETTRE XXIII.

A St. Cyr, ce 11 Février 1707.

JE fors d'un assez long entretien avec votre saint Confesseur, dont je suis très-contente; il n'a point été embarrassé avec moi, ni moi avec lui; & je vous assure que nous sommes tout accoutumés l'un à l'autre.

J'ai traité avec lui l'importance du concert entre le Confesseur & la Supérieure : il n'est pas possible qu'une maison aille bien sans cette intelligence.

Je lui ai dit que dans les premieres années de cet établissement-ci, nos filles étoient conduites par de très-saints Prêtres séculiers ; mais que tirant toute la confiance à eux, nous ne savions aucunes nouvelles de nos Dames, ni ne pouvions les gouverner : aussi la maison alloit-elle si mal, qu'en ce temps-là je croyois souvent qu'il faudroit l'abandonner.

Elle n'a pris la forme que vous lui voyez, que depuis que nous avons des Confesseurs, gens de Communauté, qui renvoyent toujours aux Constitutions, aux regles, & à la Supérieure, se réfervant seulement les péchés, & ne se mêlant jamais du gouvernement de la maison, ni en général, ni en particulier. Nos Confesseurs ne voyent jamais nos filles qu'au Confessionnal : ils sont ici très-réguliers, & il est impossible de se voir : on se confesse le plus succintement qu'on peut, pour ne pas incommoder les autres ; & si on a quelque chose d'un peu long à dire, on le remet à un autre jour, mais toujours dans le Confessionnal.

Nos Confesseurs n'entrent jamais dans les charges des particuliers, & nous ne leur demandons que des conseils généraux sur le gouvernement, quand nous en voyons d'expérimentés.

Je crains que vos filles ne soient pas bien nourries : je connois des Couvents où on les fait mourir de faim, pour mieux parer le Prêtre, ou l'Autel.

On dit là-dessus que les filles vivent de si peu de chose ; mais il faut considérer que la regle leur a déja retranché le superflu, & les a réduites au nécessaire ; de sorte que si on retranche encore sur ce retranchement, elles n'ont pas de quoi vivre : cet épuisement les rend chagrines & mal-saines.

Il y a des Communautés qui ont obtenu du Roi une Demoiselle de St. Cyr

A Me. DE LA VIEFVILLE.

pour être quittes des sommes qu'elles devoient : votre Me. de Flavacourt l'obtiendra peut-être ; mais il faut qu'elle le demande, sans que vous ni moi y entrions : je ne veux plus que le Roi entende prononcer votre nom. Serez-vous contente de cette lettre, & avez-vous assez de mon écriture ?

Vous me faites de trop grands remerciments pour peu de chose ; c'est bien vous traiter comme ma fille, que de ne vous envoyer que dix louis : vous en aurez encore autant pour aider à payer le métier pour vos serges.

LETTRE XXIV.

Le 3 Avril 1707.

Vous voyez donc combien il est utile de se faire aimer des personnes que l'on gouverne : vous ne ferez jamais de bien que par-là, & ce que vous ne ferez point par la douceur, ne se fera pas par la rudesse.

Je ne sais point quelle sorte de respect on rend aux Abbesses dans votre Ordre ; mais je sais bien que vous ne devez rien exiger par rapport à votre personne ; qu'il ne faut vouloir ni soins, ni devoirs particuliers, ni savoir aucun gré à celles qui se distingueroient là-dessus. Cependant il faut faire rendre à la supériorité tout ce qui lui est dû : & j'admire tous les jours avec quelle simplicité notre Supérieure recommande le respect, l'obéissance & la soumission qu'on lui doit. Elle finit son triennal par des instructions continuelles là-dessus : ce qui marque bien que ce n'étoit pas pour elle qu'elle vouloit établir cette autorité. St. Augustin dit que la Supérieure ne doit rien faire qui puisse avilir l'autorité. Allez droit, ma chere fille, & établissez l'obéissance des inférieurs envers les supérieurs : n'en soyez point honteuse, ni enorgueillie. Donnez-leur-en l'exemple, par rapport à ceux qui sont au-dessus de vous. Le mot de *regne* est assurément ridicule : votre bon sens vous le fait sentir. Otez tous ces airs de grandeur qui font que le monde se moque des Abbesses : une d'elles vouloit imiter le Trône du Roi de Siam, parce que tous ceux qu'on voit aux Rois & aux Evêques, ne lui paroissoient pas assez élevés. Ce n'est point un conte, on me l'a nommée.

Priez vos filles de ma part de m'avertir quand votre avarice leur retranchera quelque chose.

Je voudrois de tout mon cœur vous donner des Demoiselles de St. Cyr ; mais elles craignent les Abbesses par de si bonnes raisons, que je ne puis les contredire : il est vrai que depuis quelque temps, je sors difficilement de la regle, qui veut qu'elles soient ici jusqu'à vingt ans : ma mort ne peut être bien éloignée : je craindrois pour celles que j'aurois fait sortir, & cela tout au moins feroit un embarras, qu'il est plus sage d'épargner à mon inquiétude.

Il y a encore un article que je n'ai point traité avec vous, c'est celui de votre petite favorite : il faudroit l'élever comme les autres, & la rendre même plus timide, modeste, & utile aux autres : elle n'est pas de meilleure maison qu'elles, & on ne doit pas l'honorer à cause du déshonneur de sa sœur (1). Il seroit bien à desirer que vous en pussiez faire une bonne Religieuse ; mais vous n'y parviendrez pas en l'élevant avec hauteur. Je ne sais rien là-dessus en particulier ; mais je sais qu'une favorite ou niece d'Abbesse est la plus mauvaise de toutes les éducations.

───────────

(1) Maitresse de Mr. le Duc d'Orléans.

Vous avez raison, Madame, de me savoir bon gré de toutes mes franchises : j'aimerois autant qu'une autre à dire des choses agréables & flatteuses ; mais l'amitié que j'ai pour vous, l'honneur de St. Cyr, & le desir de voir une Abbesse selon le cœur de Dieu, m'oblige au personnage que je fais auprès de vous.

M. le Card. de Noailles & moi sommes bien en colere contre vous ; car nous sommes persuadés que vous êtes malade par votre faute. Vous êtes trop ardente pour le bien : vous voulez aller trop vîte ; vous travaillez trop, & tout cela vous reculera beaucoup.

Que voudriez-vous retrancher à de pauvres filles qui chantent jour & nuit, & à qui vous aigrissez l'esprit & le sang, quand elles n'ont pas le nécessaire ?

Qui vous a dit que la mere de la petite de Lévi est une bonne femme, que vous n'avez vue que quelques heures ? Elle n'a pas de quoi vous payer sa pension.

LETTRE XXV.

Ce 1 Mai 1707.

Dieu vous veut tranquille, & que vous remplissiez les obligations de votre état, à mesure qu'elles se présentent. Vous vous détruirez & n'avancerez rien, si vous voulez aller trop vîte.

Votre lettre est une confession, ou du moins une reddition de compte à son Directeur; point de rôle que je ne fisse volontiers avec vous, s'il pouvoit vous être utile.

Ce que vous me proposez sur Me. votre mere & Mlle. votre sœur, est bon & mauvais : bon, si elles aspirent à une retraite absolue : mauvais, si ce n'est qu'un simple dégoût du monde. Remarquez qu'ici toutes les raisons de se retirer chez vous sont pour elles; & que si elles ne vous étoient rien, vous n'en auriez aucune pour les recevoir. Or, vous vous devez à votre Communauté préférablement à tout : vous ne pouvez en conscience en troubler la paix & la régularité par aucun sentiment d'amitié pour vos parents. Les mondains ont une idée très-fausse des

Abbayes de leurs filles : ils les regardent comme à eux : les Abbesses ont accrédité cette idée, en disposant arbitrairement du bien de la maison, du moins en partie : tout cela est également injuste : je l'ai demandé depuis peu à mes *saints*, & ils m'ont confirmée dans ce que j'ai toujours pensé.

Si donc Madame votre mere dérange en rien l'ordre établi, refusez-la, quoiqu'il en coûte à votre cœur : ce cœur doit être mort au monde ; vous n'avez plus de devoirs de fille à remplir que par les sentiments : vous vous devez toute entiere à vos vœux de Religieuse, & à votre état d'Abbesse.

Si Madame votre mere est pieuse, édifiante, retirée ; si elle ne se mêle de rien chez vous ; si elle n'entre point dans le gouvernement de vos filles ; si elle ne se lie & ne se brouille avec aucune ; si elle ne leur donne point le goût du monde ; si elle leur fait aimer leur vocation, sans pourtant les prêcher ; si vos sœurs se rendent utiles pour les choses temporelles, mais sans autorité ; si elles ne se lient aux pensionnaires que pour les porter au bien ; si elles sont excessivement sages, à ces conditions, recevez-les. Mais je tremble que votre tendresse pour elles ne vous prévienne, & que votre devoir ne soit sacrifié, même à votre insu, à vos sentiments. Et s'il en faut venir à une séparation! Voyez, pesez; vos filles murmureront; vous savez comme elles parlent de toutes les personnes dont elles n'esperent rien.

Je vous prêterai encore Mlle. d'Aumale: elle est intelligente; elle m'est fort attachée; j'ai pour elle autant de confiance que d'amitié; elle est propre aux grandes comme aux petites choses. J'en souffrirai, je vous la prêterai pourtant.

La nouvelle d'Espagne (1) est excellente: il nous en faudroit encore quelqu'autre pour avoir la paix : ne vous lassez point, ma très-chere fille, de la demander à Dieu. Que vous avez bien fait de faire rendre compte de l'emploi des biens temporels de la maison ! on n'a point de mystere quand on va droit, & Dieu bénira cette conduite. Que dites-vous de la fuite de Mlle. de Tharsi ? J'oublie toujours son nom.

___

(1) De la bataille d'Almanza, gagnée par le Duc de Berwick.

LETTRE XXVI.

A Mlle. d'Aumale.

A St. Cyr, ce 4 Juin 1707.

JE suis bien mécontente de notre Abbesse de la savoir si long-temps malade, & lasse d'être Abbesse. Faut-il se lasser quand on ne fait que commencer à courir? Elle a des relais : que sera-ce donc après ma mort? Relevez son courage : cet abattement est une suite de sa maladie. Il n'y a rien que je ne donnasse pour être à présent à Gomer-Fontaines : je serois son Médecin ; car vous savez que j'ai fait mon cours sous M. Fagon, & que je prétends avoir beaucoup d'expérience. Otez cette femme sans hésiter. Je ne donne pas des pensionnaires à notre chere Abbesse pour lui être à charge : elle seroit, comme vous dites, trop heureuse si elle n'avoit que des enfants: ce sont les grandes pensionnaires qui gâtent tout ; elles sont difficiles à servir ; elles dépensent toujours plus qu'elles ne donnent, se scandalisent de tout ce qu'elles voyent dans les Religieuses, jugent de la conduite des Supérieures, décrient les maiſons, en rapportent dans le monde mille hiſtoires fort ſcandaleuſes, ou ridicules, & ſouvent fauſſes, & affoibliſſent les vocations, en remettant devant les yeux les airs & les vanités du monde. Je ne finirois point ſi je diſois tout ce que je ſais là-deſſus : je me tais ſur la mauvaiſe conduite perſonnelle qu'elles ont ſouvent, & qui déshonore les maiſons où elles ſont.

LETTRE XXVII.

A Me. de la Vieſville.

Ce 11 Juin 1707.

POint de bonheur pour vous, ſi vous eſpérez de la reconnoiſſance des hommes ; vous n'en trouverez point ; & Dieu vous deſtine une autre récompenſe : travaillez pour lui ; travaillez avec lui ; travaillez comme lui. Si vous travaillez pour lui, vous ſerez très-indifférente à l'approbation de vos filles : ſi vous travaillez avec lui, vous aurez un fonds de paix qui ne pourra être troublée par aucun mécompte : ſi vous travaillez comme lui, ce ſera avec force & douceur, ſans empreſſement, sans inquiétude, sans chagrin. Au nom de Dieu, Madame, ne soyez point empressée ; j'ai vu ici des filles de ce caractere ; elles mettoient tout le monde à bout, & s'y mettoient elles-mêmes. Je suis naturellement vive & active : j'ai eu bien des peines dans cet établissement, & j'ai beaucoup plus avancé depuis que je me suis modérée. Vous avez un bon esprit ; vos intentions sont droites ; croyez-en l'expérience & l'amitié ; ne vous pressez point ; ne pressez point les autres ; prenez des relâchements ; amusez-vous ; travaillez gayement, & peu à peu tout se fera. Je ne suis point persuadée que vous deviez quitter votre place ; je regarde cette proposition comme un besoin d'être purgée. Avez-vous compté occuper une place qui vous donnât des plaisirs ? Considérez qu'à vingt-huit ans vous avez pris le gouvernement d'un Couvent ruiné pour le spirituel & pour le temporel, rempli de filles accoutumées à faire leur volonté ; elles souffrent les changements que vous faites, vos préférences pour les Demoiselles de St. Cyr que vous mettez dans leurs places : elles vous estiment, vous craignent, & vous laissent faire. C'est un bonheur que vous ne pouviez attendre. Vous voudriez faire une maison où tout fût rangé à souhait comme chez nous. Eh! combien a-t-on été à régler S. Cyr! Il y a vingt-un ans que nous y sommes : il étoit commencé deux ans auparavant à Noisy, & vous voudriez faire en deux ans ce que nous avons fait en vingt-trois! Vous vous consumez par cette déraisonnable activité. Faites votre devoir, & moquez-vous des propos qu'on vous répete. Eh! qui n'est pas sujet à la calomnie? N'avez-vous jamais ouï blâmer le Roi, critiquer les Ministres? Et si vous saviez ce qu'on dit de moi! Si je vous montrois tout ce qu'on m'écrit contre moi-même!

LETTRE XXVIII.

Ce 18 Juin 1707.

Vous m'avez donné bien de l'inquiétude, ma chere fille, & je remercie Dieu de vous avoir conservée : il me semble que vous n'êtes point encore assez bonne pour mourir, & qu'il vous faut bien d'autres épreuves & une plus grande abondance de bonnes œuvres.

Profitez de votre expérience, si vous ne profitez pas de la mienne; votre vivacité vous a conduite aux portes de la mort : vous avez mis votre fang dans un tel mouvement, qu'il ne circuloit plus. M. Fagon, que je confultai devant M. le Cardinal de Noailles, me fit fort bien entendre votre état. J'ai dit à Mlle. d'Aumale les remedes qu'il vous ordonne; mais il veut fur-tout de la tranquillité : c'eft, ma chere fille, ce qui eft abfolument néceffaire à votre ame & à votre corps. Nos enfants de St. Cyr doivent confidérer qu'elles ont été bien près de vous perdre, & qu'elles feront malheureufes fi elles s'attachent trop à vous. Il n'y a que Dieu qui ne nous abandonne jamais. J'étois bien touchée de leur douleur. J'ai très-bonne opinion de ma fœur de Champlebon : je crois que vous avez en elle un bon fujet; formez-la pour vous fuccéder, & après cela nous vous permettrons de devenir une fimple Religieufe.

Mlle. d'Aumale m'a dit que votre petite favorite hait les pauvres, & qu'elle rougit quand on parle de fa fœur. Dieu la béniffe ! J'efpere que vous n'avez pas une Religieufe affez fotte pour l'eftimer heureufe d'avoir le cœur d'un Prince. Apprenez à vos enfants à méprifer le monde & les vanités, ce monde pour lequel J. C. n'a point prié, lui qui a prié pour fes bourreaux, tant il eft corrompu & endurci! Blâmez le mal, mais ne haïssez point ceux qui le commettent. Que vous serez heureuse si vous arrachez cette enfant aux occasions qu'elle aura de se perdre!

Aviez-vous besoin de M. de Châlons pour vous avertir que vous êtes vive & ardente? Ne le sentez-vous pas encore plus que les autres? Je suis bien édifiée de la maniere dont vous avez reçu cette grêle qui vous a ruinée. Tout ce que vous avez fait jusqu'ici pour établir votre temporel, n'aura pas autant de mérite que la soumission avec laquelle vous avez reçu ce petit renversement; l'amour-propre se glisse dans la plupart de nos actions; dans nos résignations, il n'y en a guere.

Me voici à votre lettre du 27. Il est vrai que je ne me porte pas bien : il n'est pas question de donner votre vie pour la mienne; vous arrivez, & je pars. J'ai rempli, à peu de chose près, ma destinée; c'est à vous à remplir la vôtre.

L'affaire que vous avez avec M. de Citeaux me passe : je ne sais si la profession de ma sœur de Champlebon est nulle; mais je sais bien que vous ne devez pas vous révolter contre votre Supérieur. Toute mon inclination me porte à dépendre des Evêques; les maisons en sont, ce me semble, mieux gouvernées, & je voudrois de tout mon cœur que la vôtre fût de ce nombre. Mais je ne sais point si c'est une affaire facile, & je crains fort de vous voir un procès de longue haleine contre M. de Cîteaux. C'est faire parler de vous de bonne heure ! Cependant je me soumets aux deux grands Prélats qui vous protegent.

A votre place, je recevrois les 100 liv. de M. de Cîteaux, en esprit d'humilité, de pauvreté & de soumission. Les Chrétiens ne doivent pas être orgueilleux, & encore moins des Religieuses. Les vœux de S. Cyr ne vous regardent point ; il est aisé aux Dames de S. Louis de ne rien recevoir ; leur magnifique fondateur a pourvu à tous leurs besoins. Il y a bien de la différence d'être fondé par un Saint ou par un Roi.

J'ai chargé Mlle. d'Aumale de vous envoyer de l'argent, sur lequel je vais m'expliquer franchement avec vous. Ne croyez pas, je vous conjure, que ce que je fais pour rétablir Gomer-Fontaines, soit fondé sur l'amitié. Nous devons tous agir par des motifs plus nobles ; le mien est de contribuer à la gloire de Dieu, en le faisant honorer chez vous : il est vrai que vous m'avez paru propre à ce dessein.

Adieu, mon Secretaire (1) a grand'peur du tonnerre : malgré tout son mérite, je lui vois le tempérament d'un lievre.

LETTRE XXIX.

Ce 17 Octobre 1707.

Vous vous mettez à la raison de vouloir bien que je dicte à Mlle. d'Aumale, & de vous contenter de deux lignes de mon écriture.

Je suis bien persuadée que le voyage de St. Cyr vous aura été utile, à vous & à Me. Fortuné : de-là ce consentement si vîte accordé. Mais je ne comprends rien à votre séjour dans le dehors de votre maison ; je ne sais pas si ces choses-là sont usitées chez vous ; mais je n'en ai jamais ouï parler, & je le regarderois comme une grande irrégularité, non que je pense que tout ce qui ne se fait pas à St. Cyr (2) soit un mal : chaque Ordre a ses usages & ses maximes. Votre noviciat est

_____

(1) Mlle. d'Aumale.
(2) Les Dames de St. Louis ne sortent jamais, pas même pour les raisons les plus fortes de santé.

votre véritable reffource; vous devez en prendre un grand foin, & connoître les Novices autant que leur Maîtreffe. Vous ne pouvez trop leur confeiller de prendre confiance en elle, & elle doit les affurer qu'elle n'a rien de caché pour vous. Voulez-vous infpirer la droiture à vos filles? qu'elles la voyent dans toute votre conduite, & jamais ces miférables fineffes que les Religieufes prennent pour habileté. L'intérêt de la Communauté ne juftifie point l'avarice; mais je ferois bien fâchée que vous ne fuffiez pas économe: il faut avoir le cœur noble & étendu, mais il faut être pauvre; puifqu'on a voué la pauvreté.

M. de Lort ne m'a nulle obligation. J'ai donné fon placet, & c'eft tout: il a été accordé, parce qu'il étoit raifonnable; & on veut que tout fe faffe par faveur & par moi, ce qui n'eft pas vrai.

Me. de la Lande fonge à l'intérêt de fa niece plutôt qu'au vôtre, en voulant vous la donner: celle-là a montré partout un efprit fort mal-fait.

Vous m'avez fouvent flattée d'avoir contribué au bien que vous trouvez à St. Cyr. Si j'y en ai fait, il eft dû aux foins que j'ai pris de la récréation. Il y a vingt ans que j'y fuis affidue. C'eft-là qu'une

Supérieure appliquée se fait aimer, se fait goûter: elle épanouit le cœur de ses filles en leur donnant quelques plaisirs. On dit des choses édifiantes sans ennui, parce qu'on les mêle avec de la gayeté. En raillant, on jette sans affectation de bonnes maximes : mais pour cela, ma chere fille, il faut être toute appliquée aux autres, & se compter pour rien ; il faut laisser parler celles qui nous ennuyent, souffrir les travers, ne rien reprendre sérieusement. Ce talent, vous l'avez, j'en suis sûre : & je le suis aussi, que vous ne l'avez pas pour vous.

Soit dans l'Eglise, soit dans les Cloîtres, soit dans les jardins, soit dans les meubles, il faut que tout respire la pauvreté qu'on a vouée. Dieu est-il honoré par un peu plus ou par un peu moins de dorure, par de beaux ornements ? Il faut seulement de la propreté par-tout, mais singuliérement à l'Autel : la simplicité honore Dieu, & non la magnificence. J'ai vu plusieurs Couvents où la moitié des Religieuses ne donnoient pas un quart d'heure à la priere dans toutes les grandes fêtes de l'année ; on embellit l'Autel, on oublie Dieu !

LETTRE XXX.

Ce 21 Décembre 1707.

MR. Treilh eſt charmé de vous & de votre Communauté : s'il avoit des aîles, il y feroit déja retourné.

Vous prenez d'admirables réſolutions ; il faudra les mettre en pratique : vous avez tous les talents pour faire beaucoup de bien ; il ne vous manque qu'un peu d'expérience. Suppléez-y par le conſeil ; vous n'en manquerez pas entre M. le Cardinal, M. Treilh & moi ; j'y voudrois ajouter Me. l'Abbeſſe de Jouarre que j'ai vue à St. Cyr. Je l'ai trouvée ſimple, humble, zélée ; elle me dit qu'elle n'étoit point à elle, & qu'il n'y avoit point de moment dans la journée où ſes filles ne puſſent lui parler quand elles le vouloient : que c'étoit une grande mortification de voir ſa volonté rompue ſi ſouvent ; mais qu'elle croyoit que c'étoit ſon devoir. Dans un autre endroit de la converſation, elle me dit qu'elle avoit cinquante-deux Religieuſes, qu'il n'y en avoit pas une pour qui elle ſe ſentît de la répugnance, & qu'elle ſe croyoit aimée de toutes. Voilà, ma chere fille, comme je vous voudrois, & comme vous serez, si vous le voulez vous-même bien fortement. M. Treilh m'a dit les bonnes raisons que vous avez de n'avoir pas une entiere confiance en votre Confesseur; mais vous pourriez bien y en avoir un peu davantage, & lui donner la liberté dans la Confession de reprendre vos défauts & de vous donner quelques conseils; car c'est quelque chose de bien sec & qui n'exerce guere l'humilité, que de dire simplement ses fautes & d'en recevoir l'absolution.

Je vais écrire encore à M. de Lamoignon pour Mlle. de St. Pol : rien n'est si ennuyeux que d'avoir des filles qui s'ennuyent.

Je vous promets d'aimer toujours mon Abbesse. J'ai appris ce matin que vous avez les lettres de M. de Meaux: vous ne pouvez trop les lire ; mais il ne faut pas les abandonner à vos filles.

LETTRE XXXI.

Des Dames de Gomer-Fontaines, à Me. de Maintenon.

Vive Jesus, ce 28 Décembre 1707.

MAdame, notre reconnoissance augmente tous les jours, parce que vos bontés pour nous se multiplient ; nous en sommes si touchées & si pénétrées, qu'il nous est impossible de vous l'exprimer comme nous le voudrions. La nouvelle grace que vous nous avez faite de nous envoyer M. Treilh, est une de celles qui nous ont été des plus utiles, par le bien qu'il a fait parmi nous. Non seulement il nous a édifiées par la sainteté de sa vie, mais il nous a pénétrées de nos obligations ; & ce que vous nous faites si obligeamment l'honneur de nous en dire dans votre lettre, nous va faire travailler à être telles que vous nous desirez pour la gloire de Dieu, afin que lui étant agréables, nous puissions obtenir plus facilement ce que nous lui demandons pour vous, Madame, & pour Sa Majesté. Nous renouvellons nos vœux en cette nouvelle année pour demander sa conservation & la vôtre, & pour remercier Notre Seigneur de ce qu'il a mis à la tête du Diocese un Prélat rempli de mérite & de vertu.

Nous sommes avec une soumission parfaite & un profond respect, &c. LES RELIGIEUSES DE GOMER-FONTAINES.

LETTRE XXXII.

De Me. de Maintenon à Me. de la Viefville.

Ce 22 Janvier 1708.

JE ne puis vous dire, ma chere fille, le plaisir que votre lettre m'a donné; j'y vois tant de vertu & de raison, que je ne puis retenir un petit mouvement de complaisance pour l'éducation de St. Cyr. Etablissez chez vous ce bon esprit que vous avez, cet esprit de liberté, cet esprit des enfants qui chasse celui des valets qui veulent toujours tout cacher à leur maître. Je suis charmée de ce que voyant les défauts de votre Mere des novices, vous en voyez aussi les vertus: Dans ce bas monde, tous les caracteres, même les meilleurs, sont fort mêlés.

Je vous remercie des prieres que vous avez faites pour mon parent : il eſt bien heureux de profiter de l'amitié que vous avez pour moi. Si je n'en avois pas une extrême pour vous, votre lettre me l'inſpireroit.

Vous avez fait une action héroïque en vous humiliant devant toutes vos filles : rien n'eſt plus propre à vous attirer une grande bénédiction ſur votre ouvrage ; mais il ne faut pas y retourner ſouvent : l'on aviliroit l'autorité ; il faut garder ces actes d'humilité pour les grands beſoins. Les répréhenſions fortes appartiennent au tête-à-tête ; & s'il en étoit de cette eſpece que vous duſſiez faire en Chapitre, il faudroit y préparer le ſujet. La réprimande eſt aſſez fâcheuſe par elle-même, ſans y ajouter la confuſion. Votre but doit être de corriger, & l'on ne corrige point en aigriſſant. J'ai envoyé votre lettre à votre Archevêque (1) ; c'eſt le meilleur homme du monde ; mais ſa bonté vous ſera aſſez inutile. Adieu, ma chere Abbeſſe ; je vous promets de vous aimer toujours ; car je ſuis perſuadée que vous ferez toujours fort aimable.

---

(1) M. d'Aubigné, Archevêque de Rouen.

LETTRE XXXIII.

Ce 11 Février 1708.

VOus parlez bien en Religieuse sur les affaires de M. de St. Val, je veux dire en personne qui ne sait comment vont celles du monde. C'est beaucoup qu'on donne le commandement d'une frégate à son futur époux, & c'est un reste du souvenir des services de son oncle. Mais cela n'ira pas plus loin : qu'importe au Roi que cette fille soit mariée ? S'il n'y avoit qu'une Demoiselle de St. Cyr à établir, que ne feroit-on pas pour elle ? Mais que faire pour trente qui en sortent tous les ans ? Je suis bien persuadée que Mlle. de St. Pol nous fera honneur ; mais c'est pour elle, & non pour nous, que je lui souhaite du mérite. Vous ne me dites rien, Madame, de notre chere maison. Je voudrois pourtant bien savoir, si les membres sont dociles, & si la tête est vigilante ? Avec cela tout ira de mieux en mieux. Je suis affligée, ma chere fille, de vous aider si peu ; l'argent est très-rare, & rare pour tout le monde. Economisons, & souffrons jusqu'à la paix.

J'aurois pourtant bien envie de vous payer vos gants de soie.

Voilà de mon écriture qui ne mérite pas la passion que vous avez pour elle. Vous êtes bien enfant, de croire que je vous en aime plus ou moins, quand je dicte ou que j'écris de ma main. J'embrasse tout le monde; je ne nomme & n'oublie personne.

LETTRE XXXIV.

Ce 2 Mai 1708.

JE m'étois souvent plainte à Mlle. d'Aumale de votre silence, non que je n'approuve fort qu'on ne se fasse point de regles là-dessus, qu'on soit simple en tout, qu'on s'écrive quatre fois le jour s'il le faut, & qu'on soit ensuite un mois sans s'écrire s'il ne le faut pas. Vous prétendez donc, ma chere fille, que je ne vous fais réponse que lorsque j'ai à vous gronder, & que je me tais lorsque tout va bien? Il en est quelque chose; car il y auroit tant de louanges à vous donner! & vous avez trop de courage & de vertu pour avoir besoin de ce soutien. Il est vrai que j'ai parlé à M. le Cardinal de ce que je croyois qu'il devroit vous recommander. Je fais votre confiance en lui, & je veux qu'il faſſe de vous une Abbeſſe qui ſoit le modele des Abbeſſes. C'eſt beaucoup ſi vous avez obtenu de vous de ne reprendre jamais en public. Voyez dans vos réflexions, ſi vous ne ſeriez pas bien-aiſe qu'on vous dît vos fautes en particulier. Des réprimandes publiques déplaiſent plus que des injures dans le tête-à-tête. Vous avez fait des progrès là-deſſus : je ne puis trop vous en marquer ma joie. Je ne comprends point que vos filles ne goûtent pas la récréation, ſi vous vous appliquez à y répandre de l'agrément, & ſi vous y portez tout ce que vous avez de propre à vous faire aimer : les ſottes ſont celles qui goûtent le plus l'eſprit : il ne faut pas trop les gêner : il n'eſt de bonne contrainte que la contrainte du plaiſir ; offrez-leur-en donc l'attrait ; cet article eſt plus important dans les communautés qu'on ne penſe ; l'union générale détruit les liaiſons particulieres & les cabales qui ſont la ſource des déſordres.

Conſolez vos filles dans leurs peines ; entrez même dans leurs chimeres. Ayez ſoin du temporel ; que le ſpirituel lui ſoit préféré ; la deſtruction de tant de Maisons religieuses est une punition de cet esprit de cupidité qui y regne.

Point de Prédicateur, dont vous ne connoissiez la doctrine & les mœurs. Que pouvez-vous faire de mieux, que ce que vous avez réglé avec M. le Cardinal ? Méprisez les murmures : a-t-on jamais gouverné avec l'approbation de tout le monde ? Se fâcher contre les frondeurs, c'est le vrai moyen d'en augmenter le nombre. Le Cardinal ne se rendra pas : il est souple dans ses manieres, & ferme dans ses résolutions. Vous êtes trop jeune pour être défiante : l'expérience vous apprendra qu'on ne peut user de trop de précautions dans le choix des Prêtres & dans le gouvernement des filles.

Vous pouvez vous servir de mon nom pour votre utilité particuliere, mais non pour me faire entrer dans les affaires de l'Ordre de St. Bernard. Je ne sais point si cette réforme est à desirer, ni si les Religieux la desirent : j'ignore leurs raisons, & je fais bien plus de cas d'un Ordre mitigé qui garde ses regles, que d'une réforme extérieure qui couvre souvent de grandes difformités. Mais, ma chere fille, fût-ce une bonne œuvre, elle ne nous regarde point : ne nous y intéressons que par des vœux : chacun doit se renfermer dans son état.

Adieu ; que mes lettres vous soient utiles ; vous ne vous plaindrez pas qu'elles vous manquent. Faites le bien ; il peut être inutile aujourd'hui, il est impossible qu'il le soit toujours : & le fût-il, il est si beau par lui-même!

LETTRE XXXV.

Ce 20 Juin 1708.

JE viens d'écrire à M. de Citeaux : je lui envoye votre lettre. On a certainement grand tort de vous attribuer ce qui se passe au sujet de votre Religieux Bernardin, qui auroit dû renoncer à tout, dès qu'il a vu que le Roi hésitoit, bien loin de remuer tout Paris par ses sollicitations. Vous ne savez pas encore souffrir, ma chere fille. Il me paroît que vous vous renfermez assez bien dans le soin de Gomer-Fontaines ; & en vérité, c'est votre mieux. Un homme me disoit autrefois, que nos chagrins venoient des intrigues où nous nous engagions, encore plus que de nos fautes ; & depuis, j'ai vu mille fois qu'il m'avoit dit vrai. Ayez de la vigilance & de la patience : j'avois fait mettre autrefois ces deux mots sur toutes les portes de St. Cyr, & rien n'est plus nécessaire à qui gouverne, ou à qui obéit.

Que voulez-vous dire, ma chere fille, quand vous vous plaignez de l'ingratitude des vôtres ? Est-ce qu'en travaillant pour elles, vous travaillez pour l'amour d'elles ? Vous ne serez jamais contente, si vous ne vous élevez plus haut ; & ce cher St. Cyr, vos admirations, a des vues bien plus nobles. Notre Supérieure ne compte point sur la reconnoissance de la Communauté : la Maîtresse des Novices ne prétend se faire ni amies, ni ennemies dans les Novices qu'elle conduit : les Maîtresses des Classes ne se plaindront jamais de ce que les Demoiselles ne sentent pas les obligations qu'elles leur ont : nos Infirmieres ne trouvent point mauvais que les malades oublient les services qu'elles leur ont rendus : on agit uniquement par devoir. Vous ne serez jamais ni sainte ni heureuse, tant que vous compterez sur les hommes. Voulez-vous être toujours dans le trouble ? attendez quelque chose d'eux : ils vous manqueront toujours : & s'ils ne vous manquoient pas, vous auriez reçu votre récompense. J'ai vu plus d'une fois dans vos lettres, en parlant de vos filles, *elle n'est point de mon parti* : une Supérieure, un parti ! Toutes vous doivent être égales. N'êtes-vous pas la mere de toutes ? & doit-on s'appercevoir que l'une vous est plus chere que l'autre ? ni votre vertu, ni votre esprit, ni l'éducation de St. Cyr, ni les instructions de M. le Cardinal, ni tout ce que nous avons dit & écrit, n'a donc encore pu effacer en vous cette maniere de penser, si opposée à vos devoirs ? C'est grand dommage, que je n'aye pas le temps de faire mon examen ! je trouverois en moi de bien plus grands défauts que ceux que je reprends en vous ? Voilà ma réponse au premier article de votre lettre : le zele m'a conduite bien loin ! Quant au temporel, je ne prétends pas qu'il faille l'abandonner ; car c'est une de vos obligations : mais je voudrois qu'il fût subordonné au spirituel : je voudrois que vous fussiez moins affligée d'une dépense que d'une irrégularité : je voudrois que vous employassiez vos bons sujets à vous former de bons sujets, & que vous missiez les médiocres à l'administration des biens. Je voudrois que vous supportassiez l'air d'enfance de vos Novices qui rient ou qui pleurent mal-à-propos, que vous leur permissiez la gaieté ; car les plus gayes seront toujours les meilleures, mais que vous leur défendissiez toutes caresses & toutes familiarités entre elles : je voudrois que ferme & douce envers cette Religieuse indocile, vous l'exposassiez rarement à ces fortes répugnances, mais que de temps en temps vous l'y condamnassiez pour lui faire prendre le pli de la soumission : je voudrois que vous sussiez que la Maîtresse des Novices est la plus importante Charge de la maison, & en un sens, plus que la Supérieure, qui n'a qu'à gouverner ce qu'elle a, tandis que l'autre doit former & choisir les sujets qu'on doit recevoir. Tout ce que vous me mandez de la vôtre est pitoyable : je ne vous en parlerai pas davantage, pour ne pas parler inutilement.

Ne cherchez point les raisons de ce que je vous dis. Je n'ai rien appris de nouveau ; mais je vous aime. Il y a en vous de quoi faire quelque chose de très-bon. La vraie piété, la solide piété, la droite piété vous donnera tout, & il n'y a qu'elle qui puisse vous faire remplir votre devoir : tous vos talents, sans elle, vous feront inutiles, & avec elle, ils rapporteront cent pour cent.

Je ne vous écrirai pas souvent de pareilles lettres de ma main, je deviens très-foible, & tout me fatigue ; regardez celle-ci comme mon teſtament, & une marque de la véritable tendreſſe que j'ai pour vous.

Votre Me. de Briſſac a une grande place, où vous avez plus contribué que vous ne penſez.

LETTRE XXXVI.

DEs avis ſont aiſés à donner ; mais donnés de loin, ils ſont toujours vagues : tout conſiſte dans l'application. C'eſt ce qui me fait deſirer, que vous puiſſiez trouver votre Directeur dans votre Confeſſeur, qui vous connoît & qui vous ſuivroit de près. Cependant j'entre dans vos raiſons : elles ſont très-bonnes : j'ai trop vécu pour ignorer l'abus de la direction, & il y en a très-peu de pures, de déſintéreſſées, de droites. Mais il ne faut pas conclure, que nous devions nous conduire nous-mêmes : notre amour-propre nous trompe ſur la connoiſſance de nous-mêmes : notre légéreté s'oppoſe à une conduite réglée, qui eſt eſſentielle pour la piété : le tempérament nous emporte, & nous trouvons un frein dans un Directeur : l'obéïſſance donne un grand prix à nos moindres œuvres, & nous ne pouvons être fixés qu'en nous laissant mener en devenant petits pour entrer dans le grand : il faut donc un guide : il faut le choisir entre mille : il ne vous sera pas refusé, quand vous serez dans la disposition de suivre à l'aveugle ce qu'il vous dira. M. Treihl y seroit très-propre. M. de Rouen ne lui refuseroit pas un pouvoir de confesser. Il a beaucoup d'esprit : il connoît l'esprit religieux : il est droit : vous pourriez lui faire une confession générale, & après cela, tout se passeroit par écrit : il vous verroit deux fois l'année : c'est assez pour le nécessaire, & vous n'y craindriez point l'amusement. Quand vous voudrez un Directeur à ces conditions-là, vous en trouverez à Paris. Deux ou trois voyages à Gomer-Fontaines ne peuvent charger personne : cherchez-le, demandez-le à Dieu : vous le trouverez ; mais n'en prenez point, si vous ne voulez être conduite.

Mlle. d'O.... doit se souvenir toute sa vie de l'éducation qu'elle a reçue à St. Cyr : qu'elle pense, qu'elle agisse autrement que sa mere ; mais qu'elle ne cesse pas de la respecter. Consultez-la sur sa sœur : je voudrois bien l'ôter d'avec sa mere ; car je crains qu'elle n'en suive l'exemple ; mais je ne sais où la mettre: j'aurois bien des lettres de cachet pour l'une & pour l'autre : mais ce seroient des lettres de cachet.

LETTRE XXXVII.

Ce 23 Février 1709.

JE parlai au Roi de l'affaire de Bermont, le même jour que je reçus votre lettre. Il m'assura qu'il ne changeroit pas sa décision. S'il a oublié d'y nommer une Abbesse, c'est qu'il n'y a pas grand empressement à remplir cette place. M. de Citeaux m'avoit demandé pour cela une bonne Religieuse. Mais, en vérité, les meilleures sont presque toujours les moins connues. J'ai chargé Mlle. d'Aumale de parler à Mr. de Ventadour pour votre petite favorite : oubliez ce titre-là, si vous voulez en faire une bonne Bernardine : soyez-la vous-même : j'ai ouï dire à un Cardinal, qu'il faisoit bien plus de cas de lui comme Evêque que comme Cardinal : faites plus de cas de vous comme Religieuse, que comme Abbesse.

Vous allez être bien fâchée de n'avoir

point Mlle. d'Aumale; mais il nous a pris à elle & à moi une crainte de quelque aventure désagréable sur le grand chemin : la famine met le peuple dans un mouvement, auquel il ne se faut pas exposer; le mal est à un point à ne pouvoir durer, & j'espere que les soins que le Roi prend pour faire trouver du bled, rameneront la tranquillité. Je comprends parfaitement vos embarras; j'ai voulu attendre M. le Cardinal : il m'a répondu que M. l'Abbé de Vassé vous a fait payer d'une dette des Carmélites de Pontoise. J'y ajoute 250 livres. C'est peu de chose; mais si vous saviez de combien de misérables je suis environnée! Il est vrai qu'on fait venir des bleds des pays étrangers; mais je n'en disposerai pas, & le bénéfice que vous en recevrez, sera de le voir baisser de prix au marché. L'oraison funebre de M. le Maréchal de Noailles est très-bonne, & a paru telle à ceux qui avoient projetté de la tourner en ridicule.

Votre bonheur sera toujours proportionné à votre piété : cette piété doit être solide & droite, & la soumission seule peut lui donner ce caractere : on ne vous obéira jamais que lorsque vous obéirez. Je suis ravie de tout ce que M.

de Treilh m'a dit de vous; j'ai été bien surprise de l'entendre parler des excès de votre piété : je sais qu'il demande beaucoup : d'où je conclus que vous êtes une Sainte, ou du moins en chemin de l'être. Obéissez-lui. Il est bien difficile de se défendre de l'orgueil, quand on commande toujours, & qu'on n'obéit jamais. Ma tendresse est bien réveillée pour vous, & vous allez être bien tourmentée : on ne parle plus ici que de Gomer-Fontaines. Nous en formons un second St. Cyr, & peut-être quelque chose de mieux. Marquez à vos anciennes la joie que j'ai de les savoir si avides de la parole de Dieu : je les regarde comme mes filles, & je me sens très honorée d'être leur mere. Je m'intéresserai toujours vivement à toute maison où Dieu sera bien servi. Vous avez raison, Madame, de vous plaindre du peu de secours qu'on trouve dans la plupart : on ne les instruit pas de leurs devoirs : on leur fait des sermons très-longs, très-vagues & très-inutiles : il faut des détails. Vous croyez bien que le Noviciat n'a pas été oublié : il m'a dépeint la Viefville incarnate & blanche; Blezel avec un visage fort large; Champlebon un peu pâle, & toutes ferventes. Aimez-les, Madame. J'ai écrit à votre favorite, quand j'ai cru lui être utile : il me reste trop peu de temps à vivre, pour consentir à le perdre; mon état m'en fait perdre tant ! il est vrai qu'il n'est pas perdu, quand on souffre.

Vous faites une bonne œuvre en arrachant au monde Mlle. de Sermoise : elle y auroit été plus exposée qu'une autre; ayez égard à sa santé & à son âge, incapables des austérités. Dire qu'il faut s'y accoutumer de bonne heure, mauvais raisonnement. Il faut établir la santé, attendre l'âge & la force, ensuite s'abandonner à la regle. Il faut que Mlle. de Bailly s'accoutume à se passer de mon écriture; elle voit que je ne vous en donne pas à vous-même. J'en ai donné à Mlle. de Sermoise, parce que j'ai cru que les traits de ma main contribueroient à graver le sens de ma lettre dans son esprit.

Si ce que les Religieuses appellent sacrifice étoit véritable, vos parents ne prétendroient plus rien de vous, & vous ne prétendriez plus rien d'eux. Votre Communauté doit être votre unique intérêt. J'ai encore assez de mémoire pour me souvenir qu'on étoit un peu jaloux de votre confiance en votre sœur. Si vous ne l'aimez point, vous lui serez d'une foible consolation : si vous l'aimez, les autres en feront très-jalouses. Prenez-la, ma chere fille : car il faut bien compatir à vos raisons, quelque mauvaises qu'elles soyent, & aux plaintes des familles, qui n'entendent point du tout les devoirs des personnes mortes au monde. Soyez sûre que je n'en serai point piquée ; mais il pourroit bien arriver que vous le serez bientôt vous-même. Vous souffrirez, avant d'oser me le dire : & à la fin vous vous séparerez ; mais il en résultera toujours un bien, qui fera qu'elle ne songera plus à revenir : plaintes bien différentes de celles qu'il faut essuyer en face.

Ne pouvez-vous point congédier quelques-unes des filles que vous avez prises sur mon compte ? Hélas ! il faut songer à épargner le pain, & j'ai la douleur de diminuer mes pensionnaires dans un temps où je voudrois les augmenter. Je donne 200 liv. à Mlle. d'Aumale pour vous les faire tenir : par ce secours, jugez où j'en suis. Il n'est point vrai que la paix soit faite ; elle ne le sera point, que vous ne l'appreniez. Laissez-la toujours croire aux autres : il est très-bon qu'on l'espere.

Ne croyez pas que je veuille vous tyranniser, parce que je vous ai fait plaisir quand je l'ai pu, ni que je prétende me rendre maîtresse de votre maison : je vous donnerai toujours mes conseils très-sinceres : vous commencerez à merveille, Mlle. votre sœur & vous : on se relâche ensuite, & il est très-difficile de guérir la jalousie d'une Communauté.

Je trouve bien mauvais qu'une fille, élevée à St. Cyr, ne sache pas que c'est prier Dieu que de servir Dieu ; & que c'est servir Dieu que de servir sa maison à laquelle on s'est donné. C'est une ferveur de novice, qu'il faut pourtant lui pardonner, car elle vient d'un excellent fonds. Quand elle sera plus avancée, elle saura prier par une présence de Dieu continuelle : c'est souvent le repos que l'on cherche dans la priere.

C'est à présent que les Religieuses seront véritablement pauvres : elles faisoient consister la pauvreté à n'avoir rien en propre, mais à ne manquer de rien : cette pauvreté étoit très-supportable, mais je doute qu'elle fût vraie. Pour être pauvre, il faut souffrir quelque chose : & vous voilà toutes dans ce cas-là. Dieu veuille que vous le souffriez avec une patience & une résignation qui vous rende toutes des saintes ! mais je crois que vous ne devez rien oublier pour adoucir les autres austérités, autant que vos Supérieurs voudront le permettre.

A ME. DE LA VIEFVILLE. 89

Je ne croyois point que les denrées fussent si cheres : on ne se plaint ici que du pain : il y a beaucoup d'herbes : vous devez tirer un grand secours de vos vaches : la bouillie, le riz, le beurre sont une bonne nourriture. Je ne saurois vous plaindre de ne pas boire de vin, surtout avec tant de laitage, qui ne feroit qu'aigrir : je vois tous les jours guérir des maux d'estomac en quittant le vin : je suis dans ma soixante & douzieme année, & je ne bois que de l'eau. On me promet du riz : s'il arrive, je vous en enverrai.

LETTRE XXXVIII.

Ce 14 Décembre 1709.

Vous ne pouvez m'importuner, Madame : vos lettres me font toujours plaisir ; mais il faut vous accoutumer à vous passer de moi. Je n'ai plus de santé : je manque de force, & encore plus de loisir. M. Treilh est un bon Directeur, & le plus bel endroit de ma vie est de remettre votre ame entre ses mains ; car il est temps que je fasse mon testament. Que répondriez-vous, ma chere fille, à une des vôtres, qui vous diroit qu'elle a de la peine de manquer quelquefois à l'office de l'Eglife ? Vous lui diriez que cette peine eft très-louable ; mais qu'il ne faut pas la pouffer trop loin, & que Dieu voit bien fi elle cherche des prétextes, ou fi elle a de bonnes raifons de manquer à l'Office : nous avons à faire à un Maître qu'on ne fauroit tromper.

On a dit que Mlle. Sery (1) étoit chez vous pour trois femaines : je vois bien que c'eft une fauffe nouvelle. Cette pauvre fille eft bien abandonnée, & aura tôt ou tard de grands déplaifirs ! Je parle fouvent à Me. la Ducheffe de Ventadour : elle ni moi n'avons pas grand crédit. Je crains fort pour Mlle. de Sermoife.

Je crains auffi que vous ne faffiez pas bien le pain d'orge. Perfonne ne s'en accommode en potage : j'en ai mangé avec du froment, qui eft très-bon. Monfieur Fagon foutient qu'il n'eft point mal-fain. J'ai pleuré, en lifant l'accueil que vous avez fait au pain de Me. le Comte. C'eft voir la mifere de bien près, de favoir fes enfants dans l'état où vous êtes.

---

(1) Maitreffe de M. le Duc d'Orléans.

LETTRE XXXIX.

Ce 16 Janvier 1710.

Quoique mon intention soit de critiquer toutes les lignes de votre lettre, je commencerai par vous dire que j'en suis charmée par la candeur avec laquelle vous me parlez.

Je n'ai pas douté un moment que vous ne fussiez fâchée de ce que je vous ôtois Mlle. de Sery. Un peu d'envie de la convertir, & une espérance de grands bienfaits, jointes à de vrais & pressants besoins, vous fournissent devant Dieu bien des excuses. Mais vous raisonnez sur un fondement faux, quand vous dites qu'elle s'est dégagée volontairement: c'est M. le Duc d'Orléans qui lui a donné son congé, & la pauvre fille ne l'a pas pris à la premiere fois : elle seroit donc arrivée chez vous, désespérée, passionnée, fardée, magnifique, en un mot, toute mondaine, & même toute criminelle.

J'avoue qu'un tel spectacle m'a paru dangereux pour une Abbesse de trente ans, & pour neuf Demoiselles de St.

Cyr: je n'ai pas cru aussi qu'il me convînt d'avoir Mlle. d'Argenton dans une maison avec laquelle je suis dans un continuel commerce, & que ce fût à moi à suivre son histoire, & à instruire la Cour de tout ce qu'elle feroit. On dit qu'elle ira dans un Couvent de Compiegne, où elle a été enfant. Si après une véritable conversion, elle vouloit entrer chez vous, Madame, je ne m'y opposerois pas; mais je voudrois, pour m'en assurer, un plus grand nombre d'années que vous ne demanderiez de jours pour la recevoir.

Vous êtes admirable, quand vous dites que cette fille a de l'amitié pour vous! On appelle cela dans le monde une confiance de Religieuses, qui croyent tout ce qu'on leur dit. Eh! on est trompé tous les jours à des amitiés de vingt ans.

Vous dites que vous l'avez connue sincere, & tout cela, par quelques liaisons avec sa famille, ne l'ayant presque jamais vue elle-même. Il faudroit voir ce qu'elle fera & ce qu'elle deviendra. Bien des gens la croyent mal convertie: elle doit de tous côtés. J'aurois un grand déplaisir qu'elle retirât Mlle. sa sœur d'auprès de vous: nous ferons tout ce que nous pourrons par Me. de Ventadour, pour l'en empêcher.

LETTRE XL.

13 *Décembre* 1710.

La faute de la Novice dont vous m'écrivez, est fâcheuse; mais ce que vous me dites de l'esprit de vos anciennes est important. J'ai vu autrefois cet esprit dans notre grande classe : on ne pouvoit faire une réprimande à une fille, que toutes les autres ne fussent dans l'affliction, mais affliction pleine de révolte, & fort éloignée de la charité. Il a fallu traiter ce mal dans les plus jeunes, & leur inspirer un autre esprit. Ces grandes s'en sont allées : bonheur que vous ne pouvez espérer; & nous jouissons présentement du fruit de nos peines. Quand on met ici une fille en pénitence, les autres ne l'insultent pas; elles en sont affligées, elles la consolent, elles la conjurent de s'humilier, de se corriger, & de ne rien oublier pour se remettre avec ses Supérieures: elles ne se mêlent point de demander grace pour elle. On ne peut être plus unie qu'elles le sont: mais c'est en effet une union, & non pas une sédition : tout concourt ici au bien public & au particulier : aussi y vit-on dans une paix qui vous charmeroit.

Nous ne cessons de prêcher au-dedans la confiance pour les Confesseurs, la sincérité, la soumission, le respect. Les Confesseurs ne cessent de renvoyer aux Supérieures, aux Maîtresses du Noviciat, des Classes, des Sœurs Converses, des servantes, & aux regles de la maison : on fait tout sans se cacher, & sans se faire haïr. Il n'y a pas ici un enfant qui ne soit persuadé, que tout ce qu'on lui fait est pour son bien. Il n'y a pas une seule personne, qui ne soutienne la Supérieure : & elle soutient toutes les premieres Officieres. La nôtre gouverne sans embarras trois cents trente filles.

Si j'étois à votre place, je laisserois les anciennes en repos, autant que ma conscience pourroit me le permettre, & je travaillerois à mettre le bon esprit, dont je viens de parler, dans la jeunesse, dans les pensionnaires, & dans le Noviciat : je crois que c'est le seul moyen de faire une sainte Communauté. J'en connois une, où l'on en use ainsi, & dont on espere beaucoup.

Il ne me paroît pas possible de changer

les anciennes : elles n'ont point été élevées dans cette droiture : on ne la prêche point assez à la jeunesse : elles ne laissent pas d'être des Saintes : car j'ai ouï dire que vous avez des filles fort vertueuses, mais d'une vertu à leur mode, & qui ne les empêche pas de faire mille maux & de manquer à faire mille biens.

Quel mal ne font-elles pas, quand elles aigrissent l'esprit de cette fille en faute, qu'elles lui disent qu'elle souffre injustement, qu'elles blâment la conduite de la Supérieure, qu'elles la décréditent, qu'elle l'attristent ? Quel bien ne feroient-elles pas, si elles lui disoient qu'elles partagent sa peine, mais qu'elle a tort, qu'elle donne un mauvais exemple, qu'elle doit s'humilier & appaiser Madame, qui a raison d'être fâchée, dans la personne de laquelle elle doit regarder Notre Seigneur ; qu'elle a voué l'obéissance ; qu'il faut bien qu'elle lui coûte quelque chose, & que cette victoire sur elle-même lui attirera des graces ? Voilà ce qui mettroit tout en ordre dans une maison où est l'Esprit de Dieu.

J'ai toujours été persuadée, comme vous, que les Couvents ne sont point médiocres, qu'ils sont excellents quand la régularité s'y obferve, & qu'il y a autant d'intrigues qu'à Verfailles, quand les Parloirs font ouverts & les lettres permifes.

Je ne crois pas, qu'à votre place, je fuffe auffi patiente que vous : je ne laifferois point cette fille aller au Parloir fans être accompagnée, & jamais que pour fes plus proches parents : elle n'écriroit point de lettres que je ne les viffe, & ne recevroit point de paquets qui ne paffaffent par moi : je ne ferois point toutes ces chofes-là avec fineffe, mais franchement, & comme des régularités abfolument néceffaires.

Je comprends aifément vos embarras, & je voudrois de tout mon cœur vous foulager. J'ai donné 200 liv. d'extraordinaire à Mlle. d'Aumale : petit fecours, mais je fais ce que je puis.

J'ai vu votre Confeffeur, & j'en fuis très-édifiée : le jugement que je pourrois faire de fon mérite, feroit téméraire, puifqu'on ne connoît pas les hommes à la premiere vue; mais j'ai cru voir beaucoup de fageffe, de modération, de droiture, de piété & de politeffe. Je lui ai parlé de l'éducation de St. Cyr avec un zele que je fens bien qui va jufqu'à l'indifcrétion. Je voudrois vous communiquer

tout

tout ce que Dieu & notre expérience nous ont découvert là-dessus, & dont nous voyons tous les jours les fruits. Il m'assure que les mêmes maximes & les mêmes pratiques sont à Gomer-Fontaines. Je donnerois de mon sang pour communiquer l'éducation de St. Cyr à toutes les maisons religieuses : elles feroient de plus grands biens que nous, parce qu'elles élevent des filles qui auroient de plus grands établissements.

Vous aurez bien de la peine à tirer de l'argent de M. Desmarets : l'approche de la paix n'en donne point encore : & quand la paix sera faite, on n'en sera pas mieux les premieres années ; mais c'est beaucoup de ne plus craindre de voir augmenter ses maux, & d'espérer qu'ils diminueront.

Vous faites parfaitement bien d'exiger de vos petites filles de travailler pour la maison, pourvu que vous ayez la bonne foi de préférer encore l'éducation au travail : l'éducation est votre devoir : le travail est une habileté, mais qui leur est encore plus utile qu'à vous.

LETTRE XLI.

Ce 9 Avril 1713.

JE comprends parfaitement que vous ne pouvez faire chez vous ce qui se fait à St. Cyr; mais vous pouvez en prendre l'essentiel, qui est la solide piété qu'on y inspire. Je me découragerois là-dessus pour vous, si je n'avois pas vu votre Confesseur; car sans son secours, vous ne pouvez rien faire.

Il est certain que ne gardant vos pensionnaires que peu d'années, vous ne pouvez être soulagée par le secours des plus grandes : il faut en tirer le plus qu'on peut, & y mettre de l'émulation : il y en a toujours de plus avancées les unes que les autres : & celle qui assemble les syllabes peut montrer à connoître les lettres.

Le peu de temps qu'on vous les laisse, doit vous renfermer dans ce qui est le plus nécessaire, la lecture, l'écriture, l'Arithmétique, & préférablement à tout, le Catéchisme bien expliqué & appliqué à leur état.

Il faut élever vos bourgeoises en bourgeoises : il ne leur faut ni vers, ni conversations : il n'est point question de leur ouvrir l'esprit ; il faut leur prêcher les devoirs dans une famille, l'obéissance pour le mari, le soin des enfants, l'instruction de leur petit domestique, l'assiduité à la Paroisse le Dimanche & les Fêtes, la modestie avec ceux qui viennent acheter, la bonne foi dans leur commerce. Il faut leur conseiller de demander à Dieu un bon Confesseur, de le choisir dans la vue de leur salut, de se laisser conduire comme des enfants. Il faut qu'elles édifient leurs parents, leurs amis, leurs voisins, qu'elles donnent de bons conseils & de bons exemples. Il faut leur dire que la piété ne s'oppose point à la joie, & qu'au contraire il la faut faire aimer en montrant qu'on sert Dieu avec plaisir.

Les instructions publiques & particulieres doivent rouler là-dessus : vous devez quelquefois leur parler en particulier, & peu à chaque fois : c'est le plus pressant devoir de la premiere Maîtresse : c'est dans ce particulier qu'il faut attaquer leurs vices : elles reçoivent tout bien, quand il n'y a point de témoin.

J'ai ici une fille qui a été à St. Cyr, & qui sert mes femmes : rien n'est égal à sa vertu : elle ne perd pas la présence de Dieu : elle met sa piété à semer sa journée de bonnes œuvres : elle dit que le service du prochain est une excellente priere : elle quitte l'Eglise, aussi volontiers qu'elle y va : elle dit que c'est ce qu'on lui a appris à St. Cyr : elle est très-gaye.

Je ne serois pas surprise de voir votre ancienne sous ma sœur de Champlebon : nos classes sont pleines de ces exemples-là. Ma sœur de Radouay y est au-dessous de ma sœur de Gruel, qu'elle a peut-être élevée, & que sûrement elle a reçue. Il est absolument nécessaire que la premiere Maîtresse soit chargée de tout, qu'il n'y ait qu'elle qui parle en particulier, qui fasse les graces, qui donne les récompenses, qui ordonne les châtiments : il faut que les autres suivent son esprit, qu'elles lui renvoyent la conscience des enfants, qu'elles ne leur souffrent aucun attachement pour elles : autrement chaque Maîtresse auroit ses filles : ce ne seroit plus que division & que désordre. Nos Dames se trouvent bien d'avoir établi cette subordination : leur vertu & leur bon esprit les en ont rendues capables.

Je voudrois, avant de mourir, vous voir encore une fois, & que vous amenassiez Champlebon : cette visite ne vous seroit point inutile : je ne dois pas la proposer pour mon seul plaisir.

Je vois de grandes difficultés dans la diversité des conditions par la différence des choses qu'il faut dire.

Quoique toutes les ames soient également précieuses à Dieu, il faut pourtant que l'instruction soit plus étendue pour la fille d'un Gentilhomme, que pour les filles d'un Vigneron. Expliquez-leur librement la différence des conditions : dites-leur que Dieu est le Roi de tous les Etats ; que dans le Ciel les rangs ne seront marqués que par les vertus, & que la plus pieuse de ses sujettes lui est toujours la plus agréable. Quand la grande Demoiselle peignera la petite paysanne, la paysanne servira sans répugnance la Demoiselle, & conviendra qu'elle est née pour la servir. L'éducation doit être différente : il suffit à la bourgeoise de savoir ce qui est absolument nécessaire pour être sauvée : il faut un peu plus éclairer les autres. Il faut que les Demoiselles parlent bon François, & les reprendre, quand elles y manquent. Il n'importe que les autres s'expliquent en leur langage, pourvu qu'elles l'entendent assez pour pratiquer ce qui est commandé. Les filles du Vigneron seroient ridicules en lisant des vers : ils sont bons aux Demoiselles. Il faut parler aux filles de Marchands de la fidélité de leur commerce, sur les mesures, sur les poids, sur le profit permis : cela ne convient point aux autres.

Nous nous sommes apperçus souvent du bon effet de la subordination, & les exemples de soumission & d'humilité sont encore plus forts que les discours. C'est ce qui a établi ce bon esprit à St. Cyr, qui fait qu'une fille de douze ans répond au Catéchisme à une qui en a sept, comme elle feroit à sa Supérieure, & qu'elles apprennent toutes les unes des autres tout ce qu'elles savent. Car en tout on inspire la raison, en leur montrant la petitesse qu'il y auroit à ne pas vouloir profiter de ce qu'une autre sait, parce qu'on a quelques années de plus. On leur donne toujours les choses pour ce qu'elles sont, la piété au-dessus de tout, la raison ensuite, les talents pour ce qu'ils valent : on ne récompense point celles qui en ont, on n'estime que la vertu & la sagesse. En les louant de bien réciter des vers, ou d'avoir chanté avec goût, on leur dit que les plus impures Actrices d'Opéra s'en acquittent mieux qu'elles ; on aime autant celles qui n'ont aucune de ces qualités extérieures, & les sages ont les distinctions. Ayez de la raison, & vous en inspirerez aux enfants.

Voici l'essentiel de l'éducation; qu'elles vous voyent, en tout, juste, désintéressée, donnant autant de soin à la plus choquante qu'à la plus aimable. Les enfants voyent fort bien les vices, ou les vertus de leur Maîtresse. Il faut parler à une fille de sept ans, aussi sensément qu'à une de vingt : c'est en exigeant beaucoup de leur raison, qu'on en hâte les progrès.

LETTRE XLII.

De Me. de la Viefville à Me. de Maintenon.

JE vous réponds, Madame, de la simplicité de toute notre maison, & de sa docilité sur tout ce qui regarde la doctrine. Nous vivons dans une ignorance parfaite de toutes sortes de disputes : il n'y a ni parti, ni division à Gomer-Fontaines : j'ai un extrême éloignement pour tout ce qui peut altérer la charité & la foi. Je ne comprends pas ce qui peut vous être revenu sur notre Supérieur : ses mœurs & sa doctrine, autant que je puis en juger, m'ont paru en tout temps extrêmement pures : il n'a rien fait, rien enseigné, que de très-modéré, & de conforme à toutes nos obligations & à notre Cathéchisme : il nous rappelle aux devoirs de notre état ; il nous parle sur nos vœux, sur l'amour de Dieu, sur la confiance en ses miséricordes, sur la nécessité d'approcher des Sacrements, & jamais il ne nous dit un mot du Jansénisme. Il m'ordonne de tenir la main au maintien du bon ordre & de la paix. J'ai eu l'honneur, Madame, de le dire à notre Archevêque, qui me parut être satisfait de cette conduite. Je vous dis simplement ce que je connois de notre Supérieur ; mais je vous réponds, qu'il ne sera jamais parlé de Gomer-Fontaines d'une maniere à vous affliger : nous avons à craindre le péché, & non l'erreur ; j'ai toujours eu beaucoup d'aversion pour tout ce qui pouvoit nous tirer de la simplicité de notre état : j'ai là-dessus des instructions qui me serviront toute ma vie.

Je vous demande la continuation de vos bontés, & la grace de me regarder toujours, Madame, comme la plus attachée de vos filles, & la plus fidelle de vos servantes.

LETTRES
DE MADAME
DE MAINTENON
AUX DAMES DE ST. LOUIS.

AVERTISSEMENT.

Je crois devoir placer ici la lettre suivante, pour donner une idée des obstacles que j'ai eu à surmonter pour avoir des pieces, que les Dames de St. Cyr conservent comme un des plus précieux monuments de la vigilance, de la douceur, de la piété de leur Institutrice.

» MONSIEUR, la premiere chose
» que je fais, en sortant de St. Cyr,
» est d'écrire à un homme : ce n'est point
» assurément ce qu'on m'y a appris : mon
» zele pour Me. de Maintenon me le per-
» met. L'honneur que j'ai d'être sa paren-
» te, par ces mêmes Cardillacs, qu'on

» dit géoliers d'une prison, justifiera une
» infidélité que je blâmerois moi-même
» dans une autre. Vous trouverez ici
» tous les papiers que j'avois promis à
» mon oncle. Je n'ai pas eu l'esprit de ne
» faire que des abrégés; & si ceci est en
» confusion, c'est que j'ai écrit fort vîte,
» de crainte d'être surprise. Je ne vous
» envoye pas la moitié de ce que ces Da-
» mes ont : j'ai pris le meilleur, ou ce
» qui me l'a paru. J'aurois voulu mieux
» faire; & je crains d'avoir trop fait. Me.
» la Supérieure va être bien étonnée : el-
» le étoit fort jalouse de ces lettres de
» spiritualité : la personne que j'ai em-
» ployée pour les avoir, ignore l'usage
» que j'en fais : je vous assure, Monsieur,
» que j'ai bien des remords; & Me. de
» Maintenon, si réguliere en tout, m'a
» fait faire bien des irrégularités. La
» gloire de Dieu, l'amour de la vérité,
» les conseils de mon oncle qui me di-
» soit que ces lettres étoient pour lui,
» me paroissent une légitime excuse. Ce-
» pendant, Monsieur, je ne serai point
» tranquille que votre ouvrage ne voye
» le jour, sûre que ce sera une belle
» chose, & qu'alors on me remerciera
» de ce qu'on me reprocheroit aujour-
» d'hui, ou du moins, qu'on ne me

» grondera de mes indiscrétions que du
» bout des levres. Car, dans le fond du
» cœur, on est pour vous à St. Cyr; &
» ces Dames auroient entré volontiers
» dans votre projet. Votre façon de pen-
» ser sur un point essentiel, les difficul-
» tés qu'on vous fait à présent pour l'im-
» primerie, celles que les Dames au-
» roient trouvées pour le consentement
» des Supérieurs, le peu d'apparence qu'il
» y a, que votre livre, de la maniere
» dont est le titre, puisse être utile à St.
» Cyr, où l'on ne voudroit que des cho-
» ses édifiantes, tout cela fait qu'elles
» sont bien-aises d'avoir persisté dans leurs
» refus. Que votre ouvrage soit goûté,
» que les gens du monde ne se moquent
» point de lettres si saintes, on me saura
» bon gré d'un larcin utile, quoi qu'il
» arrive, à la gloire de Me. de Main-
» tenon. Vous serez peut-être bien-aise,
» Monsieur, d'avoir une idée de Me. de
» Glapion, qui figure si avantageusement
» dans ces lettres, & qui de toutes les
» Dames de St. Louis fut la plus intime-
» ment honorée de sa confiance : en voi-
» ci un portrait, tel que je le tiens d'une
» de ses éleves.

» Elle étoit grande & bien faite, fort
» blanche & fort pâle, les yeux bleus,

» pleins de feu & d'esprit, le visage long;
» la bouche agréable, le nez un peu gros,
» les levres fort minces. Dès l'enfance,
» elle eut l'amitié de Me. de Maintenon;
» elle joua dans Esther le rôle de Mardo-
» chée à ravir : ce fut Racine qui décou-
» vrit & cultiva son talent pour la dé-
» clamation: *J'ai trouvé*, écrivoit-il à Me.
» de Maintenon, un *Mardochée dont la*
» *voix va droit au cœur* : la voyant sur
» la scene avec Me. de Caylus, dont le
» visage étoit fort beau, *Ah!* s'écria-
» t-il, *quelle actrice, si je pouvois mettre*
» *cette tête sur ces épaules!* Me. de Main-
» tenon n'oublia rien pour l'attacher à
» St. Cyr; & quand elle se rappelloit
» tous les chagrins que lui avoient don-
» nés Me. de Brinon, Me. de la Maison-
» fort, M. de Fénelon, M. de Beauvil-
» liers, M. le C. de Noailles, toutes ses
» favorites & tous ses amis, elle disoit :
» *Il n'y a que Glapion qui ne m'ait point*
» *trompée*. C'étoit l'ame la plus grande &
» la plus élevée : à St. Cyr, elle fut une
» Sainte : dans le monde, elle eût été
» une Héroïne. On peut juger de son cœur
» par l'amitié qu'elle avoit pour Me. de
» Maintenon, & par celle que Me. de
» Maintenon avoit pour elle. Ce senti-
» ment alloit de part & d'autre jusqu'à

» la jalousie : du moins on a cru l'entre-
» voir, & que Mlle. d'Aumale en étoit
» l'objet. Elle s'oublioit elle-même, pour
» ne s'occuper que des autres. Elle a
» rempli en divers temps toutes les char-
» ges de la maison ; elle étoit si active,
» qu'elle les eût remplies toutes à la fois ;
» & elle s'acquittoit si bien de chacune,
» qu'on eût dit qu'elle n'étoit propre
» qu'à celle qu'elle faisoit. L'Infirmiere,
» la Maîtresse des classes, la Dépositaire
» auront à jamais un modele en Me. de
» Glapion, ainsi que la Supérieure & la
» Maîtresse des Novices. Sa piété n'avoit
» rien de gêné : elle servoit Dieu, elle
» en parloit comme un Ange. Toutes ses
» inclinations étoient vertueuses ; & son
» cœur étoit inaccessible à tout ce qui
» en auroit altéré l'innocence. Le monde
» l'aimoit, & lui étoit indifférent : quand
» elle en avoit vu, elle disoit : *Mes chers*
» *enfants, je me sens une faim de prier*
» *Dieu, que je vais satisfaire.* Dans une
» grande maladie qu'elle eut, toute la
» Cour envoyoit savoir de ses nouvel-
» les : *Je crains bien,* disoit-elle, *que*
» *Dieu ne me paye en papier du peu que*
» *j'ai fait pour lui.* La Reine alloit sou-
» vent à St. Cyr, dans les commence-
» ments de son mariage, & toujours pour

» Me. de Glapion. Elle vint la voir, dès
» qu'elle fut guérie, & cherchoit des
» prétextes pour la faire asseoir devant el-
» le. La Reine de Pologne ne la goûtoit
» pas moins : *Je l'aime*, disoit-elle, *&
» il n'y a qu'elle qui sache aimer*. Le Ma-
» réchal de Villeroi & la Comtesse de
» Caylus avoient avec elle un commerce
» de lettres, qu'elle entretenoit dans l'es-
» pérance de faire goûter la dévotion au
» Maréchal, & d'y affermir la Comtesse ;
» & pour achever son éloge, M. le Duc
» de Noailles étoit son ami. Sa mort causa
» à St. Cyr autant de désolation que celle
» de Me. de Maintenon même : *La gloire
» d'Israël est tombée*, répétoit-on doulou-
» reusement d'après une des Dames, à
» qui cette expression étoit échappée.
» Cette grande vertu étoit-elle sans ta-
» che ? non ; & Me. de Glapion avoit
» sans cesse à combattre l'indignation
» que lui donnoient les mauvais procé-
» dés & les prétentions de ces esprits or-
» gueilleux, qui se croyent en droit de
» marcher sur la tête des autres : senti-
» ments qui partoient d'un cœur trop
» sensible & trop généreux : aussi Me.
» de Maintenon la voyant irritée de ne
» pouvoir se vaincre, lui disoit souvent :
» *Patience, ma fille : vos défauts seroient
» les vertus des autres* ".

LETTRE I.

A Me. du Pérou (1)

Ce 25 *Octobre* 1686.

JE suis persuadée de votre zele & de votre capacité : il faut employer l'un & l'autre pour notre chere maison. Il est vrai que je suis fort vive pour tous ses intérêts, & je crois même aller quelquefois jusqu'à l'impatience; mais il me semble qu'il y a quelque raison de se presser, & de profiter du temps favorable où nous sommes. Dieu sait que je n'ai jamais pensé à faire un aussi grand établissement que le vôtre, & que je n'avois point d'autre vue que de m'occuper de quelques bonnes œuvres pendant ma vie. Je ne me croyois ni obligée à de grands biens, ni destinée à de grandes vues, & je ne trouvois déja que trop de maisons religieuses. Moins j'ai eu de part à cet ouvrage, plus je reconnois que c'est Dieu qui l'a fait : aussi étant de lui, &

───────────

(1) N. Travers du Pérou, alors Maitresse des Novices.

de lui seul, je l'aime beaucoup plus que s'il étoit de moi. Ce qui prouve bien que c'est l'œuvre de ses mains, c'est qu'il a conduit le Roi à cette fondation, le Roi qui ne peut souffrir les nouveaux établissements : & dans quel temps ? après une longue guerre, qui avoit épuisé ses finances, & avec des Ministres qui auroient fortifié son aversion, s'il avoit hésité. Il est vrai qu'autant que j'aurois tremblé dans le gouvernement de St. Cyr, s'il avoit été fait par moi, autant fus-je hardie quand j'y vis le doigt de Dieu, & que je crus en être chargée par lui. Aussi puis-je vous dire avec vérité, que je le regarde comme le moyen que Dieu m'a donné pour faire mon salut, & que je sacrifierai toujours ma vie avec joie pour qu'il y soit glorifié. Je voudrois que tout fût bien établi avant la mort de Me. de Brinon, avant la mienne, avant celle de M. l'Abbé Gobelin, afin que l'esprit de l'institut subsistât toujours, & triomphât des oppositions que j'apperçois dans l'avenir, sans être ni fort pénétrante, ni inquiete : car aurez-vous jamais une Supérieure plus habile ou plus absolue que Me. de Brinon, une amie plus zélée que moi, un Supérieur aussi rempli de nos maximes que M. l'Abbé Gobelin ?

Profitons des moments heureux & rapides où nous avons toute l'autorité spirituelle & temporelle entre les mains : le Roi & l'Evêque font prêts à faire tout ce que nous pouvons defirer d'utile : c'est à nous à mettre les chofes dans l'état de perfection où nous voulons qu'elles foient pour toujours. Une des chofes qui s'y oppofe le plus, c'est la facilité de Me. de Brinon à recevoir de mauvais fujets. Vous devez toutes être fermes là-deffus, vous garantir des complaifances, & vous élever au-deffus des craintes. Vous en rendrez compte à Dieu : & c'est une des plus importantes actions de votre vie.

Dans l'examen de vos filles, attachez vous à la vraie piété, à l'efprit droit, au goût pour l'Inftitut, à l'envie d'y devenir habile, à l'attachement aux regles, à l'efprit de fociété, à l'éloignement du monde : voilà le principal pour une Dame de St. Louis. Car pour l'humeur un peu prompte, comptez que nous avons les vices & les vertus de notre tempérament : & celui qui fait prompte, fait active, vigilante, attachée au fuccès : celui qui fait douce, fait nonchalante, tiede, pareffeufe, indifférente à tout, lente, infenfible : c'est la piété qui rectifie les paffions. Qui eft plus prompte que Me.

de Brinon & moi ? Et nous en aimez-vous moins ? Ceux qui obéissent, me direz-vous avec raison, ont à souffrir de l'humeur de ceux qui commandent. Je vous répondrai qu'il faut souffrir, & que nous ne sommes au monde que pour cela. Après tout, vous n'aurez dans la suite que les Supérieures que vous choisirez. Quoique j'excuse les promptes, & peut-être par amour-propre, je vous exhorte bien à corriger le plus que vous pourrez ce défaut dans toutes vos filles ; il faut qu'elles le tolerent dans les autres, & qu'elles ne l'ayent pas elles-mêmes.

Il n'y a pas à hésiter à faire le chapitre aux postulantes, & à les éprouver par des mortifications. Nous avons si bien ôté toutes les manieres des Couvents, que si nous n'en reprenions quelques maximes, nous ferions à la fin une maison particuliere qui tomberoit bientôt. Parlez là-dessus à Me. la Supérieure, & établissez ce chapitre au plutôt. Agissez de concert avec elle : elle a bien de l'esprit & de la vertu, & il faut tâcher d'en donner à tout ce qui est sous vos loix. Adieu, ma très-chere fille.

LETTRE II.

A la même.

Ce 11 Octobre 1689.

Vous serez long-temps à l'infirmerie, avant que je me doute que vous y demeurez par goût. Votre lettre me fait un grand plaisir : j'y vois avec quel zele, quelle application vous vous donnez à votre charge : elle est très-importante & très-difficile : Dieu vous aidera quand vous aurez de bonnes intentions, & assez d'humilité pour consulter tous ceux qui peuvent vous être utiles. Je vous conterai à St. Cyr ce qui s'est passé entre Me. d'Arcy & moi ; vous verrez que j'ai commencé à l'éprouver assez durement : cependant profitez des avis de Mr. l'Abbé de Brisacier, & agissez de concert avec Me. la Supérieure (1). Me. de Fontaines m'a écrit des merveilles du Noviciat : tourmentez bien ma sœur de Montalembert (2), & plus qu'une autre, pour l'a-

---

(1) Me. de Loubert.
(2) Proche parente de Me. de Maintenon.

mour de moi : nous avons un grand intérêt à ne recevoir que d'excellents sujets, & il ne faut avoir là-dessus d'autres vues que le bien de notre chere maison, qui ira toujours de mieux en mieux : vous pouvez beaucoup y contribuer, & par le Noviciat, & par le bon exemple.

On ne peut jamais séparer chez vous les constitutions des Religieuses de l'éducation des Demoiselles : il est dit par-tout que l'établissement est fait pour elles : on ne vous y a ajoutées, que pour leur servir de meres & de maîtresses, & l'on ne vous a imposé des vœux, que pour fixer votre tendresse & votre zèle. Je serai très-aise de recevoir une lettre du Noviciat : que chacune me dise son mot, mais sans s'aider mutuellement. Je commence à trembler pour ma prophétie : le P. d'Orange se porte bien.

LETTRE III.

A Me. de la Maison-fort.

Mardi 12 Décembre 1690.

JE ne vous ai point marqué toute ma joie (1) : mais je suis assurée que vous n'en doutez pas. Je remercie Dieu de tout mon cœur de ce qu'il fait pour vous & pour nous. Vous allez trouver la paix. Vous voilà dans le fond de cet abyme où l'on commence à prendre pied. Vous savez de qui (2) je tiens cette phrase. Je le verrai demain ; je lui demanderai pour votre retraite tout ce que Mr. de Chartres vous a marqué. Abandonnez-vous

---

(1) Me. de M. souhaitoit fort d'attacher par des vœux Me. de la Maison-fort à St. Cyr. Le 12 Décembre, M. de Chartres, & les Abbés de Fénelon, Gobelin, Brisacier, Tiberge, déciderent que Dieu l'appelloit à être Dame de St. Louis. Dans le temps de l'Assemblée, Me. de la Maison-fort se retira devant le St. Sacrement dans une étrange agitation ; & quand elle sut la décision, elle pensa mourir de douleur.

(2) De l'Abbé de Fénelon, que Me. de la Maison-fort aimoit très-tendrement en Notre-Seigneur.

bien à Dieu, ma très-chere : laissez-vous conduire les yeux bandés. Que vous êtes heureuse de pouvoir lui faire un sacrifice de tout ce que vous êtes ! Si l'on osoit envier les graces, j'aurois de la peine à me contenir là-dessus. Ne m'oubliez jamais dans vos prieres. J'ai parlé de Mr. votre frere à Mr. de Chartres, & nous penserons à la sœur. Abandonnez-vous toute à celui à qui vous vous donnez. Soyez bien préparée à le recevoir, & que je trouve que tout va bien.

LETTRE IV.

A la même.

1691. Donnez-vous toute entiere à Dieu. Rendez-vous simple à l'Abbé de Fénelon & à Mr. de Chartres. Je serai toujours moi-même soumise à l'opinion de ces deux Saints. Accoutumez-vous à vivre avec eux. Mais ne répandez point les maximes de l'Abbé devant des gens qui ne les goûtent point. Vous parlez sans cesse de l'état le plus parfait, & vous êtes encore remplie d'imperfections. Quant à Me. Guyon, vous l'avez trop prônée ; il faut nous contenter de la garder pour nous. Il ne lui convient pas, non plus qu'à moi, qu'elle dirige nos Dames. Ce seroit lui attirer une nouvelle persécution. Elle a été suspecte : c'en est assez pour qu'on ne la laisse jamais en repos. Elle m'a paru d'une discrétion admirable : elle ne veut de commerce qu'avec vous : tout ce que j'ai vu d'elle m'a édifiée, & je la verrai toujours avec plaisir ; mais il faut conduire notre maison par les regles ordinaires & tout simplement. Ce sera une perfection en vous de n'aspirer point à être parfaite.

LETTRE V.

A la même.

Ce 3 Février 1692.

JE ne puis vous dire, Madame, la joie que je sens de voir qu'on vous détermine à demeurer à St. Cyr : je ne saurois attendre jusqu'à Mardi à vous la témoigner. Soyez donc en paix. J'ai senti la peine que je vous ai vue depuis quelques jours. Donnez-vous à Dieu & à nous de bonne grace & avec un grand courage, pour travailler ensemble à votre sanctification & à celle des autres. Que vous êtes heureuse de vous appartenir, de pouvoir vous offrir & vous donner! J'ai bien de la peine à ne pas vous envier un vol si haut, pendant que nous traînons au service de Dieu, & que nous croyons faire beaucoup quand nous ne tombons pas dans les précipices que nous voyons par-tout. Bon soir, ma très-chere : vous allez devenir ma fille : car je deviens tous les jours de plus en plus votre mere.

LETTRE VI.

A la même.

Ce 6 Février 1691.

Vous êtes destinée, ma chere fille, à être une pierre fondamentale de St. Cyr. Vous devez soutenir un jour ce grand bâtiment par votre régularité & par vos exemples. Mais ne soyez pas si vive : parlez moins, & sur-tout ne vous emportez pas. Vous dites qu'il ne faut se gêner en rien, qu'il faut s'oublier, & n'avoir jamais de retour sur soi-même. Ces discours jettent le trouble dans l'esprit

AUX DAMES DE ST. LOUIS. 121

...rit de plusieurs de nos Dames. Vous ...vez mieux que moi que chaque chose ... son temps. Mon peu d'expérience en ...s matieres, me révoltoit contre Mr. ...Abbé de Fénelon, quand il ne vouloit ...as que ses écrits fussent montrés. Cependant il avoit raison. Tout le monde ...'a pas l'esprit droit & solide. On prê... la liberté des enfants de Dieu à des ...erfonnes qui ne sont pas encore ses enants, & qui se servent de cette liberté ...our ne s'assujettir à rien ; il faut commencer par s'assujettir. Embrassez donc ...vec soumission Dieu qui vous appelle (1). Voyez si vous voulez vous défier de ...ui. Lui marquerez-vous des bornes? Il ...'en veut point souffrir avec les ames ...qu'il a prévenues de certaines graces. C'est en se livrant à son esprit, que vous trouverez la paix & la liberté. Ou je me trompe fort, ou vous prenez la piété d'une maniere trop spéculative : vous faites tout consister en mouvements subits, en abandons, en renoncements. Mais quel est le renoncement de celle qui veut avoir l'esprit en liberté, & le corps à son aise ?

---

(1) Elle fit enfin profession entre les mains de l'Abbé de Fénelon, le 1 Mars 1692.

Tome III. F

LETTRE VII.

A Me. de Montfort (1).

JE vous vis hier sortir du Chœur, avec un visage si chagrin, & si abattu, que je vous aurois été chercher, si je n'avois destiné ma journée à ma retraite. Vous êtes troublée, ma chere enfant ; vous voulez vous donner à Dieu : vous n'en avez pas le courage ; il vous fait la grace de ne pouvoir demeurer tranquille dans cet état : ravissez donc le Ciel par un peu de violence : ne demeurez pas à moitié chemin, tandis que ceux qui ont moins reçu que vous, se convertissent entiérement ; choisissez un guide, & marchez avec lui : vous broncherez, mais vous ne ferez pas de chûte ; vous l'aurez d'un côté, & moi de l'autre, pour vous soutenir ; car je ne prétends pas vous abandonner jamais. Qu'est-ce qui vous retient ? vos péchés : & pour qui J. C. est-il venu ? vous êtes honteuse de dire toujours les mêmes fautes,

_____

(1) Nouvelle Catholique, que Pelisson avoit donnée à Me. de Maintenon, & qui n'étoit pas encore bien revenue de ses premieres idées.

& de recevoir toujours les mêmes conseils ; & c'est cette honte-là qui fait une partie de votre pénitence : je suis plus en peine de votre orgueil, que de vos péchés : c'est ce qui nous éloigne le plus de Dieu, & c'est contre ce mal-là que vous avez besoin de remedes : je suis dans le même état ; mais je meurs d'envie de guérir : il faut y travailler ensemble, ma très-chere. Répondez-moi, si cela vous est de quelque consolation ; il me semble que ce que je connois de vos peines ne devroit point vous mettre dans l'état où je vous vois. Je vous embrasse de tout mon cœur.

LETTRE VIII.

A Me. de Fontaines.

Ce 2 Septembre 1690.

Dieu soit béni mille fois, Madame, des graces qu'il vous fait ! il vous veut ; il ne cesse de vous appeller à lui ; il vous donne les dispositions nécessaires pour répondre à ses invitations. Votre lettre me ravit, quoiqu'elle soit remplie de troubles & de peines : elles s'évanouiront, si vous devenez humble & obéis-

F ij

fante. Je ne puis vous voir sentir vos besoins, en convenir, demander du secours, en chercher avec confiance & respect aux pieds des Ministres de J. C. sans tout espérer pour vous. Reconnoissez donc le miracle qu'il opere présentement en vous : il se fait lentement, parce que Dieu veut que vous travailliez avec lui; mais enfin; il se fait ; & ayant eu de la peine depuis trois jours à écrire à Mr. B..., vous m'écrivez aujourd'hui des choses plus fortes, plus soumises, & plus humbles, que tout ce que vous lui avez écrit. Courage, ma chere fille; ne soyez plus en peine de vos maux; je vous regarde comme une personne qui souffre, & dont on plaint la douleur, sans en être allarmé; nul péril pour les malades, qui s'abandonnent entre les mains de Dieu, & qui se laissent conduire par ceux à qui il a donné le pouvoir & la grace. Autant que vous êtes inquiete & agitée, livrée à vous-même, autant serez-vous tranquille & paisible, quand vous aurez renoncé à vos foibles lumieres & à votre propre volonté : vous vous approcherez, ou vous vous éloignerez des Sacrements par obéissance, & vous ne jugerez plus vous-même de vos dispositions; vous serez fidelle & forte dans les

… entations : ce que vous ferez sera béni, & vous le sentirez visiblement. Que Dieu est bon de vous forcer ainsi à recourir à lui, & de ne vous pas abandonner à un entier découragement ! Il vous donne, dites-vous, des lumieres vives sur le bonheur qu'il y a de le servir : c'est qu'il veut que vous le serviez ; mais il veut aussi que vous lui sacrifiez ce que vous avez de plus cher, votre esprit, votre volonté, votre liberté : il n'y a que cela en vous qui soit digne de lui être offert. Donnons-lui tout, Madame : servons-le ensemble, & n'oublions jamais ses miséricordes : réjouissez-vous comme une personne assurée de sa guérison ; vous m'allez devenir plus chere que jamais.

LETTRE IX.

A la même.

A Maubeuge, ce 24 Mai 1699.

JE suis ravie, Madame, de tout ce que vous me mandez de la retraite, & j'en spere beaucoup de fruit. Il y a vingt-quatre heures que je n'ai parlé : cet état seroit trop doux, mais il est troublé par un peu d'inquiétude.

Le Roi nous a ordonné de séjourner aujourd'hui & demain ici, afin de donner à tout le monde le temps de faire ses dévotions pour la fête; il songe à tout comme vous voyez : car c'est de l'armée qu'il nous a envoyé cet ordre : ce n'est pas mal l'entendre, que d'être à la fois Héros & Chrétien. Dites, s'il vous plaît, à Me. de Veilhant, que le siege de Namur est plus considérable que celui de Mons; que le Roi l'attaque avec quarante ou cinquante mille hommes; que M. de Luxembourg en a quatre-vingt-dix mille pour opposer à Mr. le Prince d'Orange, s'il vouloit traverser le dessein du Roi: que j'ai vu de mes yeux tous ces hommes-là, & qu'elle n'a pas l'ame plus guerriere qu'eux. Nous partirons pour Philippeville, qui ne sera qu'à six ou sept lieues du Roi : il est en parfaite santé, & toute l'armée enchantée de sa douceur, de son affabilité, de la facilité qu'il y a de lui parler, & du travail continuel auquel il est appliqué. Dites à Me. la Supérieure, qu'au milieu de cette prodigieuse puissance, il met toute sa confiance en Dieu. Dites à toute la Communauté, que j'aurois besoin de l'abandon de Me. de la Maison-fort, pour n'avoir pas quelque peine d'être si loin de mes enfants : leur chere mere à toutes se porte à merveille.

LETTRE X.

A Me. de Veillhant.

Mai 1692.

IMaginez-vous, Madame, qu'hier après voir marché six heures dans un assez bon chemin, nous vîmes un Château bâti sur un roc, qui ne nous parut pas fort logeable, quand même on nous y auroit guindés. Nous en approchâmes sans trouver de chemin pour aborder : nous vîmes enfin au pied de ce Château dans un abyme, & comme dans un puits fort profond, les toits d'un nombre de petites maisons qui nous parurent des poupées, environnées de tous côtés de rochers affreux par leur hauteur ; ils paroissent de fer, & sont tout-à-fait escarpés : il fallut descendre dans cette horrible habitation par un chemin non moins horrible : les carrosses faisoient des sauts à rompre tous les ressorts ; les Dames se prenoient à tout ce qu'elles pouvoient attraper : nous descendîmes après un quart d'heure d'effroi, & nous tombâmes dans une ville (1) composée d'une rue, qui s'appelle la grande, quoique deux carrosses n'y puissent passer de front : en plein midi on n'y voit goutte ; les maisons sont effroyables ; & Me. de la Villeneuve y auroit quelques vapeurs : l'eau y est mauvaise, & le vin rare : les boulangers ont ordre de ne cuire que pour l'armée, & de laisser mourir de faim tout le reste. On porte tout au camp : il y pleut à verse, depuis que nous y sommes. Je n'ai encore vû que deux Eglises : elles sont au premier étage, & l'on n'y sauroit entrer que par civilité. On nous dit un salut avec une fort mauvaise musique, & un encens si parfumé, si abondant, & si continuel, que nous ne nous vîmes plus les uns les autres. Je ne vous dis rien de sa saleté des rues ; mais en vérité, le Roi a grand tort de prendre de pareilles villes. Le siege de Namur va fort bien ; on avance ; & jusqu'à présent on nous tue très-peu de monde : la ville sera prise vers le quatre ou le cinq de ce mois : le Château tiendra apparemment davantage. M. le Prince d'Orange

---

(1) Dinant.

assure qu'il viendra secourir la place, mais il viendra trop tard. Le Roi a la goutte aux deux pieds, & je n'en suis pas fâchée. Un boulet rouge des ennemis est tombé au quartier de M. de Boufflers, & en a fait sauter sept milliers; cette belle ville-ci fut ébranlée du bruit; car, pour comble d'agrément, nous entendons le canon du siege, & nous craignons que chaque coup n'emporte quelqu'un de nos amis. A cela près, je suis contente, je suis des mieux logées, très-bien servie, & voulant bien être où Dieu me met : je vous embrasse, mes cheres filles; il y a d'ici quatre cents degrés pour monter au Château dont je vous ai parlé.

LETTRE XI.

A la même.

Mai 1692.

SI l'on pouvoit en conscience souhaiter une Religieuse hors de son Couvent, je voudrois vous voir dans les places de guerres où nous passons; & si l'on pouvoit changer les inclinations, je prendrois volontiers cette humeur martiale qui vous fait aimer la poudre & le canon. Vous seriez ravie, Madame, de ne sentir que le tabac, de n'entendre que le tambour, de ne manger que du fromage, de ne voir que bastions, demi-lunes, contrescarpes, & de ne toucher rien, dont la grossiéreté ne soit fort opposée à cette sensualité au-dessus de laquelle vous êtes si élevée par votre courage & votre caractere. Pour moi, qui malheureusement suis femme, & qui le suis plus qu'une autre, je vous donnerois volontiers ma place, pour travailler en tapisserie avec nos cheres Dames. J'espere que ce plaisir n'est que différé, & que Namur aimera mieux se rendre, que de se faire entiérement ruiner. Vous ne pensez qu'à la guerre, vous ne me dites pas un mot de la retraite, ni de votre santé; je suis trop bonne après cela, de vous dire que le Roi se porte bien malgré sa goutte, & que de son lit, où il est retenu depuis douze jours, il donne ses ordres pour prendre vîte Namur, pour que son autre armée s'oppose du Prince d'Orange, pour que le Maréchal de Lorges entre en Allemagne; que Mr. de Catinat repousse Mr. de Savoye, que Mr. de Noailles empêche les Espagnols de rien faire, que Mr. de Tourville batte la flotte des ennemis s'il a le vent favorable, & que l'intérieur du Royaume, gouverné comme s'il étoit présent partout, ne se ressente pas des malheurs de la guerre. Je vous quitte après cette peinture qui doit remplir votre idée.

LETTRE XII.

A Me. de * * *.

Ce 30 Septembre 1693.

ON m'annonce de tous côtés une lettre de la Communauté, que je ne vois point. Ce seroit une grande joie pour moi, si nous n'avions plus qu'à travailler à notre sanctification & à l'établissement entier de notre chere maison, qui m'agite toujours entre l'espérance & la crainte. Je suis si convaincue qu'elle ne peut être médiocre, comme je vous l'ai dit cent fois, que je vous avoue que sa destruction ne me feroit pas beaucoup de peine, parce qu'on n'est point obligé de soutenir un établissement au-dessus de ses forces. Mais que cet établissement se tournât mal, ce seroit un des lieux du monde où Dieu seroit le plus offensé : voilà qui est bien propre à vous effrayer, ma chere sœur : ce n'est pourtant pas mon dessein. Vous avez raison de dire que nous ferons une grande perte, le jour que notre Mere (1) nous quittera : cependant cette perte est inévitable, & c'est ce qui me fait trembler : soyez plus courageuse que moi, & ne perdez pas un moment pour profiter de ce que vous voyez. Vous serez apparemment une des principales de la maison, & vous savez qu'il n'y a presque pas d'emplois où l'on ne commande : apprenez donc cette maniere de commander avec douceur & avec fermeté, & de répondre en peu de paroles sans hausser le ton, & sans perdre l'air modeste & grave dont notre Mere accompagne tout ce qu'elle fait, & tout ce qu'elle dit. Ecrivez ce qui vous paroîtroit bon à écrire, & que vous craindriez d'oublier : vous ne pouvez trop prier pour que Dieu nous éclaire tous, & vous ne pouvez trop ouvrir les yeux pour répondre à ce que nous pourrons vous demander. J'ai cru m'appercevoir de ces tristesses dont vous me par-

───────────────

(1) La Mere Priolo, venue de Chaillot pour former le Noviciat de St. Cyr.

lez. Reprenez courage : Dieu ne vous manquera pas, quand vous vous donnerez toute entiere à lui : priez-le continuellement de bénir ce que nous voulons faire ou de le renverser. Adieu, ma chere fille.

LETTRE XIII.

Aux Dames de St. Louis.

A Fontainebleau, le 1 Octobre 1693.

IL n'y a que la paix générale qui puisse me donner une plus grande joie que celle que je ressens de vous voir contentes de l'état que vous allez embrasser. Dieu sait si j'ai jamais voulu vous le rendre pénible, & si je ne serois pas prête tout-à-l'heure à changer vos Constitutions, vos Réglements, & votre Maison contre mes vues propres, si ceux que nous consultons, me le conseilloient. Mais enfin, il faut se fixer, & espérer que n'ayant cherché que la gloire de Dieu, il voudra bien répandre sa bénédiction sur nos travaux. Un Auteur moderne (1), fort

―――――――――――――――

(1) Fénelon.

connu à St. Cyr, nous a dit souvent que les retours inquiets sur nous-mêmes retardent notre avancement dans la perfection, & qu'il faut marcher avec foi & avec confiance sans regarder derriere nous. Je vous exhorte à la même conduite mes cheres filles; ne pensons plus aux peines passées : pardonnons-nous les unes les autres celles que nous nous sommes données, & ne songeons qu'à entrer avec courage dans tout ce qui nous est confié. Vous voyez ce qu'on vous demande par vos constitutions, par vos Réglements, & par le titre même de vos Charges : c'est à nous à ne vous plus rien imposer de nouveau ; c'est à vous à ne vous plus plaindre des austérités d'un état que vous choisissez avec liberté. Cherchez tout ce qui pourroit vous soulager; mais soulagez à votre tour vos Supérieurs par une obéissance entiere. Je demande à Dieu bien souvent de vous faire la grace de le regarder dans la personne qui gouvernera votre Maison ; vous avez obéi très-exactement, depuis dix mois, à celle qu'on vous a donnée : sa vertu, son esprit, son expérience vous ont prévenues pour elle : plusieurs d'entre vous disent qu'elles lui obéiroient avec joie toute leur vie : j'espere que votre obéissance ne sera pas réservée à une occasion impossible, & que vous obéirez de même à une de votre Communauté. Elle ne sera pas si expérimentée que notre chere Mere : aussi serez-vous toutes appliquées à faire si bien votre devoir, que vous lui donnerez le temps d'apprendre le sien. Nous travaillerons ensemble, mes cheres filles : j'y donnerai ma vie : & ce sera avec trop de plaisir, si vous êtes remplies de courage, de zele, de confiance en Dieu, pour le faire servir par le petit peuple qu'il vous confie. Je languis de me retrouver avec vous : je vous aime bien tendrement.

LETTRE XIV.

A Me. de R....

Au nom de Notre Seigneur J. C.

De notre Maison de St. Louis, ce 11 Octobre 1695.

C'Est pour vous apprendre à dater, car la plupart des femmes datent fort mal. Nos Meres manquent à la simplicité des filles de St. François de Sales pour ce qui les regarde : ne leur obéissez point là-dessus, & mettez les fautes sur Nanon :

n'est-ce pas-là des conseils d'Institutrice ? L'idée de mettre une boiteuse à la porte est extravagante ; vous savez de qui elle est. Ne vous amusez pas tant à regretter nos Meres (1) qu'à bien profiter de ce qu'elles disent, & de ce qu'elles font : vous ne pouvez trop demander à Dieu d'inspirer tous ceux qui gouvernent votre maison. Je serai au comble de ma joie, si je vous vois enfin ménageres, pauvres en esprit, & épargnant pour donner, comme les avares épargnent pour amasser : c'est l'esprit que je desire à mes cheres filles.

Le témoignage que vous me rendez de la satisfaction des Dames sur les soulagements qu'on leur a accordés, me fait un sensible plaisir : il n'y en a point que je ne voulusse leur faire, dès qu'ils ne nuiront point à l'ordre de la maison. J'ai toujours compris qu'il étoit fort fâcheux de coucher dans les dortoirs des Demoiselles, & je regarde cette obligation comme une si grande austérité, que je voudrois qu'il ne s'en pratiquât guere d'autre chez nous. Je suis ravie de la résolution où vous êtes de ne point consentir jamais

_____

(1) De Ste. Marie de Chaillot.

qu'on détruise les pratiques que nos Meres établissent : il vous est permis, jusqu'à la profession, de représenter ce que vous auriez envie de changer; mais après cela il faut demeurer fermes, & ne rien innover, quand même il seroit meilleur. Ne tremblez point sur ce que vous avez à faire; je ne vous ai jamais demandé qu'une bonne volonté : si elle est droite & sans réserve pour Dieu, il saura bien vous former, vous instruire, & vous rendre propre à ses desseins. Pourquoi me faire des excuses de me parler naturellement ? c'est ce que j'ai toujours demandé de toutes, & toujours attendu de vous. La franchise est nécessaire dans tous les états; mais si dans le monde elle est une vertu, dans les Couvents elle doit être un devoir. Vous le faites sur l'habit religieux, & je vous sais bon gré de me montrer cette foiblesse, puisque Dieu vous la laisse encore : il n'y a rien de décidé là-dessus. Me. de Montfort (1) n'hésiteroit pas, si elle étoit de votre Conseil; elle dit que l'habit religieux l'humilie, & qu'on n'ose plus lever la tête.

---

(1) Devenue fille de Ste. Marie.

LETTRE XV.

A Me. de Fontaines.

Ce 12 *Janvier* 1694.

J'Ai lu avec attention tout ce que vous avez bien voulu me confier. Votre Evêque ne peut dire que vous l'ayez trompé, & vous n'avez pas assurément adouci vos défauts. Dieu soit loué de tout ce qu'il a fait en vous! Avancez votre perfection pour vous & pour la Communauté qu'il a confiée à vos soins. Soyez persuadée que votre principale obligation est de l'édifier & de la conduire; que vos pratiques de mortification, de renoncement à vous-même, & à votre propre volonté, se doivent appliquer particuliérement au gouvernement de vos filles; qu'il faut que vous les éclairiez, que vous leur ouvriez le cœur, que vous les consoliez, que vous les animiez, que vous les repreniez, que vous les divertissiez, que vous les préveniez, & qu'enfin ce soit-là votre continuelle application. Vous ne devez guere faire ce qu'une autre pourra faire, afin de vous garder pour ce qui ne peut être fait que par vous. Apprenez à vous faire soulager : il vous en restera toujours plus qu'à toute autre ; je crains votre courage, votre activité, votre dureté pour vous-même, ou pour mieux dire je crains que ces qualités ne vous fassent entrer dans des détails qui usent votre santé, & tout votre temps. Ne vous pressez pas trop de connoître le temporel : allez peu à peu ; le plus pressé est de former les Dames, de les tenir dans la régularité où elles sont, & de vous faire aimer d'elles, sans qu'il vous en coûte le moindre relâchement, c'est-à-dire, relâchement des regles. Si je vous dis des choses utiles, je vous conjure d'en profiter ; si elles sont inutiles, jettez ma lettre au feu.

LETTRE XVI.

A la même.

Versailles, 12 Mars 1694.

JE suis bien contente, ma chere Mere, du compte que vous me rendez de notre maison. Il faut que nos filles ne se lassent jamais d'être averties, reprises, excitées: seul moyen de maintenir la régularité. A quelle perfection qu'elles tendent, ou qu'elles parviennent, il y aura toujours de petites fautes; si l'on ne les censure pas sur le champ, on tombera dans les grandes aussi imperceptiblement qu'il leur est marqué dans l'esprit de l'Institut. Qu'elles ne regardent donc pas les repréhensions comme des marques du peu de satisfaction qu'on a d'elles, ou comme la suite d'une idée de perfection impossible. Elles en seroient attristées & découragées. On ne leur veut rien imposer de nouveau; mais elles veulent, autant que nous, établir la régularité, qui est l'observance des regles. Pour cela, il ne faut tolérer aucun relâchement, quelque petit qu'il puisse être.

Mr. le Curé de Versailles me dit en partant pour Forges, qu'il ne seroit pas revenu pour notre Sermon de St. Candide. Je voudrois bien, sous le bon plaisir de Mr. l'Evêque de Chartres, que vous ne vous fissiez point de regle ni d'habitude d'avoir nécessairement des Sermons en de certains jours: vous éviteriez l'inconvénient de la plupart des Couvents, qui en ont souvent qu'il seroit meilleur de ne pas avoir; je voudrois en avoir de gens sûrs, approuvés de votre Evêque;

je prendrois le temps de ceux-là, & les entendrois un jour ouvrier, s'ils ne pouvoient prêcher un jour de fête : je préférerois la veille de la fête, afin d'être instruite & préparée pour la mieux passer. Mais, encore une fois, j'aimerois mieux que mes cheres filles n'entendissent pas de sermon un jour de Pâques, que d'être réduites à tous les jeunes Cordeliers qui viendront s'essayer chez vous. Joignez à cela la peine de les inviter, de les remercier, & beaucoup plus encore le hasard de leur doctrine dans un temps, & un temps qui durera autant que le monde, où l'on marche au milieu des précipices. Je crois que Mr. l'Evêque de Chartres ne désapprouvera pas ce que je pense ; & si cela étoit autrement, vous savez si je suis soumise, & si je desire que vous le soyez. J'avoue que j'ai de la peine à voir sortir des filles en qui on trouve une bonne vocation, une grande piété, de la douceur dans le naturel : ces caracteres-là sont bien commodes dans une maison. Je crois que vous aurez Veilleine, Jaucour & Vandam : voilà bien de l'esprit : cependant il ne faut pas que tout soit tête dans un corps : il faut des pieds & des bras, mais toujours des membres sains.

Soyez ravie d'être aimée, estimée, respectée, obéie pour l'amour de Dieu, & renoncez à l'amour-propre qui voudroit s'attribuer ces sentiments. Quand je vois nos cheres filles agir en esprit de foi, j'ai une grande espérance qu'elles s'établiront sur des fondements solides : l'inclination manque encore plus souvent que la vertu. Je me suis rapprochée de vous avec plaisir, quoique je craigne la misere que je crois trouver ; car on nous mande que le bled enchérit tous les jours.

LETTRE XVII.

A la même, 1695.

Nous avons ici un malade, dont les jours sont utiles à l'Etat : c'est Mr. de Luxembourg ; priez pour lui, je vous en conjure. Conduisez ma sœur Prévôt, (1) de maniere qu'elle ne perde rien de son humilité & de sa simplicité. Je croirois qu'il ne lui faut pas beaucoup par-

___
(1) Sœur Converse, qui recouvra subitement la vue.

ler de ce qui est arrivé : ma sœur Marie Constance en sait plus que moi. Ne vous familiarisez pas trop : souvenez-vous toujours du personnage de mere, de sœur aînée, de Religieuse. Sous prétexte de former nos filles, n'en faites pas des Rhétoriciennes : ne leur inspirez pas le goût de la conversation : elles s'ennuyeroient à mourir dans leur famille : qu'elles aiment le silence, il convient à notre sexe. Ne vous attachez à rien. Je ne veux pas vous affliger, en vous déclarant que vous perdrez bientôt cette Maîtresse chérie : je voudrois pourtant bien vous presser de vous perfectionner, en vous confiant que vous ne la garderez pas encore long-temps : aidez-moi dans cet embarras, en ne la pleurant pas avant le temps, & en vous hâtant de profiter de ses instructions & de ses exemples.

Plus votre Communauté est réguliere, plus elle a besoin de plaisirs innocents, pour reprendre le travail avec plus de courage. Que ne puis-je faire voir le fond de mon cœur & de mon état à toutes les Religieuses ! elles verroient le bonheur de leur vocation. Le monde est un menteur : il nous promet des plaisirs, & il ne donne que des peines ; & je sais mieux que personne qu'elles sont proportionnées à l'état de la fortune, & que les plus grands sont toujours les plus malheureux.

J'ai fait réflexion sur les étrennes que Bernard veut vous donner. Je crains d'avoir trop tranché là-dessus. Je n'ai point eu de procès : j'ai toujours été gâtée partout ; mais il me semble que l'exemple de Chaillot vous seroit meilleur que le mien.

J'ai connu une Dame, qui s'est ruinée à acheter tout ce qu'elle trouvoit à bon marché. Je suis de même sur les aumônes, & je ne puis résister aux petites. Donnez donc, ma chere fille, cinq louis à votre Philosophe, & faites-moi hardiment de pareilles propositions, quand la Providence vous les offrira.

LETTRE XVIII.

A la même.

ON vous a porté bien des bonbons, c'est pour consoler mes enfants d'avoir perdu leur mere (1).

___

(1) Me. Priolo.

AUX DAMES DE ST. LOUIS. 145

Le Roi est très-content de la visite qu'il vous fit hier : il est un peu mal aujourd'hui de sa médecine qui l'a toujours purgé : j'espere qu'il ne s'en portera que mieux. Je crois avec vous, ma chere fille, qu'un Roi est un grand Prédicateur, & un Prédicateur fort persuasif ; il vous donna de très-bonnes maximes. Représenter son avis, & ensuite se soumettre, soutenir ce qui a été réglé contre notre avis, quitter tout pour ne quitter jamais les Demoiselles, voilà ce que j'en ai retenu ; mais je compte que Me. de Bouju n'en aura pas perdu un mot. Je ne fus pas fâchée de ne pouvoir dire adieu à nos cheres filles ; je ne le pouvois pas sans me trop attendrir. Que chacune s'avance dans la perfection, que je sais qu'elles cherchent toutes : que toutes ensemble forment une sainte Communauté ! qu'elles vivent comme des Anges ! qu'elles ne songent qu'à mourir à elles-mêmes ! qu'elles soient humbles, silencieuses, zélées pour le bien de leur établissement ! qu'elles aiment à se mortifier, & que leur Supérieure songe à les réjouir innocemment ! qu'elles deviennent simples ! que leurs récréations soient gaies ! qu'elles évitent les commerces particuliers, source de toutes sortes de troubles ! qu'elles aiment leurs Supé-

Tome III. G

rieurs, qui les aiment bien tendrement. Mais après leur avoir souhaité tant de bien, je les conjure de demander à Dieu pour moi ceux qu'elles me croyent les plus utiles, & dont elles jugent bien mieux que moi. Ce n'eſt pas aſſez de faire des exhortations à nos filles : il leur faut donner des exemples de perfection : en voici un que j'ai trouvé dans un Auteur qui ne leur eſt ni ſuſpect, ni déſagréable.

Extrait d'une Lettre de Cambray.

» Au reſte, Madame, vous prenez ſoin
» d'une grande Communauté de filles,
» & vous avez intérêt d'avoir devant
» les yeux des modeles de perfection :
» en voici un, pour la diſcipline régu-
» liere que je vous propoſe. Chaque Re-
» ligieuſe des Abbayes nobles de ce pays
» eſt fondée en coutume d'aller-paſſer
» tous les ans un mois dans ſa famille,
» & de viſiter toute ſa parenté : c'eſt une
» civilité réglée. Quand j'arrive dans un
» Couvent, la Supérieure vient au-de-
» vant de moi pour me recevoir dans
» la rue : on reçoit tous les étrangers dans
» des parloirs extérieurs, ſans grilles, ni
» clôture. Pour moi, en arrivant, on me

» mene à l'Eglife, au Chœur, au Cloî-
» tre, au Dortoir, enfin au Réfectoire
» avec toute ma compagnie. Alors la
» Supérieure me préfente un verre: nous
» buvons enfemble, elle & moi, à la
» fanté l'un de l'autre : la Communauté
» m'attaque auffi : mon grand-Vicaire &
» mon Clergé viennent à mon fecours :
» tout cela fe fait avec une fimplicité qui
» vous réjouiroit. Malgré cette liberté
» groffiere, ces bonnes filles vivent dans
» la plus aimable innocence : elles ne re-
» çoivent prefque jamais de vifites que
» de leurs parents : les parloirs font dé-
» ferts, le monde parfaitement ignoré,
» & il y regne une rufticité très-édi-
» fiante. On ne raffine point ici en piété,
» non plus qu'en autre chofe : la vertu
» eft groffiere comme l'extérieur ; mais
» le fonds eft excellent : dans la médio-
» crité Flamande, on eft moins bon &
» moins mauvais qu'en France : le vice
» & la vertu ne vont pas fi loin ; mais
» le commun des hommes & des filles
» de Communauté eft plus droit & plus
» innocent ".

Vous croyez bien, ma chere mere,
que je me fens une grande émulation pour
vous après cette lecture, & que ma joie

seroit parfaite, si je vous voyois boire avec M. de Chartres, & ma sœur de Veilhant attaquer son grand-Vicaire. Vous me trouverez bien du loisir, de m'être embarquée dans une si longue lettre. Mais quand il s'agit de St. Cyr, il est toujours Dimanche pour moi. Le Roi entretient un Héros, (M. de Boufflers) inconsolable de la perte de Namur. Adieu, ma chere fille.

LETTRE XIX.

A Me. de la Maison-fort.

Marly, le 6 Août 1695.

MR. de Chartres, ma fille, vous a dit tout ce qui l'engage à purger notre maison des écrits de Me. Guion, que trois Evêques ont condamnés. Vous savez qu'ils ont fait peu de bien & beaucoup de mal. Soumettez-vous donc vîte, & comme Chrétienne, à votre Evêque, & comme Religieuse à votre Supérieur. Quant aux écrits de M. l'Archevêque de Cambray, pourquoi faut-il que vous les gardiez? & croyez-vous soutenir cette singularité? Vous savez que nous les avons montrés malgré lui, & ce que votre imprudence & la mienne ont fait là-dessus. Il nous a dit, il nous a écrit plusieurs fois, que ces écrits n'étoient point propres à toutes sortes de personnes, & qu'ils pouvoient même être très-dangereux : qu'il les avoit faits pour chaque particuliere à qui il répondoit, & sans y apporter aucune précaution. Vous êtes souvent convenue qu'ils ont fait du mal, parce qu'on ne les entendoit pas, ou qu'on les prenoit par parties sans examiner le tout ensemble ; ou qu'on les appliquoit mal, en les détournant du sens de l'Auteur. Je suis assurée qu'il voudroit de tout son cœur qu'ils ne fussent pas chez nous : pourquoi donc, ma fille, voulez-vous les y retenir ?

LETTRE XX.

A la même.

Le 9 Mars 1696.

JE suis ravie que la conférence (1) de M. de Meaux sur le dogme affreux de l'indifférence pour le salut éternel, & celle qu'il vous fit avant-hier sur l'oraison passive, vous ayent touchée, ma chere fille, & inspiré le dessein de vous adresser à lui. Il éclaircira tous vos doutes : il avoit converti Madame votre cousine : (2) il possede à fond toutes ces matieres, comme beaucoup d'autres. J'approuve fort que vous me donniez vos questions bien cachetées, & que vous demandiez que les réponses me soient adressées de même. Je n'ai pas dit un mot pour prévenir M. de Meaux : j'en connois trop l'inutilité, & combien il pense comme ceux qui nous gouvernent.

---

(1) Conférence que M. Bossuet fit à St. Cyr, le 8 Février. Il en fit une seconde le 7 Mars.
(2) Me. Guyon.

LETTRE XXI.

A la même.

JE vous prie, ma chere fille, de vous souvenir que vous êtes Chrétienne & Religieuse. Votre vie doit être cachée, mortifiée, pure, & privée de tous les plaisirs. Vous ne vous repentez pas du parti que vous avez choisi : prenez-le donc avec ses austérités & ses sûretés. Vous auriez eu plus de plaisirs dans le monde ; & selon les apparences, vous vous y seriez perdue. Ou Racine, en vous parlant du Jansénisme, vous y auroit entraînée ; ou M. de Cambray auroit contenté ou même renchéri sur votre délicatesse, & vous seriez Quiétiste. Jouissez donc du bonheur de la sûreté. Aimeriez-vous mieux que votre maison fût plus éclatante que solide ? & que vous serviroit d'y avoir brillé, si vous vous étiez abymée avec elle ? Pourquoi Dieu vous a-t-il donné tant d'esprit & tant de raison ? Croyez-vous que ce soit pour discourir, pour lire des choses agréables, pour juger des Ouvrages de prose & de vers, pour comparer les gens de mérite

& les Auteurs ? Ces desseins ne peuvent être de lui. Il vous en a donné pour servir à un grand ouvrage établi pour sa gloire. Tournez vos idées de ce côté-là; elles sont aussi solides que les autres sont frivoles. Tout ce que vous avez reçu est pour le faire profiter. Vous en rendrez compte. Il faut que votre esprit devienne aussi simple que votre cœur. Que voudriez-vous apprendre, ma chere fille ? Je vous réponds, sur beaucoup d'expérience, qu'après avoir beaucoup lu, vous verriez que vous ne sauriez rien. Votre Religion doit être tout votre savoir. Votre temps n'est plus à vous. Dieu vous a donné toute la raison que la lecture pourroit avoir donné à une autre. Je le remercie de ce que vous aimez l'Oraison & l'Office. Je ne vous y vois point, sans regretter de n'être pas Religieuse.

LETTRE XXII.

A la même.

IL ne vous est pas mauvais de vous trouver dans des troubles d'esprit. Vous en serez plus humble, & vous sentirez par votre expérience que nous ne trouvons nulle ressource en nous, quelque esprit que nous ayions. Vous ne serez jamais contente, ma chere fille, que lorsque vous aimerez Dieu de tout votre cœur : ce que je ne dis pas par rapport à la profession où vous vous êtes engagée. Salomon vous a dit il y a long-temps, qu'après avoir cherché, trouvé, & goûté de tous les plaisirs, il confessoit que tout n'est que vanité & affliction d'esprit, hormis aimer Dieu & le servir. Que ne puis-je vous donner toute mon expérience! Que ne puis-je vous faire voir l'ennui qui dévore les Grands, & la peine qu'ils ont à remplir leurs journées! Ne voyez-vous pas que je meurs de tristesse dans une fortune qu'on auroit eu peine à imaginer, & qu'il n'y a que le secours de Dieu qui m'empêche d'y succomber? J'ai été jeune & jolie : j'ai goûté des plaisirs : j'ai été aimée par-tout dans un âge un peu plus avancé ; j'ai passé des années dans le commerce de l'esprit : je suis venue à la faveur ; & je vous proteste, ma chere fille, que tous les états laissent un vuide affreux, une inquiétude, une lassitude, une envie de connoître autre chose, parce qu'en tout cela rien ne satisfait entiérement. On n'est en repos que lorsqu'on s'est donné à Dieu, mais avec cette volonté déterminée dont je vous parle quelquefois. Alors on sent qu'il n'y a plus rien à chercher, & qu'on est arrivé à ce qui seul est bon sur la terre. On a des chagrins, mais on a aussi une solide consolation, & la paix au fond du cœur au milieu des plus grandes peines.

LETTRE XXIII.

A la même.

SE peut-on faire dévote quand on veut? oui, ma chere fille, on le peut : & il ne nous est pas permis de croire que Dieu nous manque. *Cherchez & vous trouverez : heurtez à la porte, & on vous l'ouvrira :* ce sont ses paroles; mais il faut le chercher avec humilité & simplicité. St. Paul pouvoit bien en savoir plus qu'Ananie. Il va pourtant le trouver, & apprend par lui ce qu'il faut qu'il fasse. Vous ne le saurez jamais par vous-même. Il faut vous humilier. Vous avez un reste d'orgueil que vous vous déguisez à vous-même sous le goût de l'esprit : vous n'en devez plus avoir; mais vous devez encore moins chercher à le satisfaire avec un Confesseur. Le plus simple est le meilleur pour vous, & vous devez vous y soumettre en enfant. Comment surmonterez-vous les croix que Dieu vous enverra dans le cours de votre vie, si un accent Normand ou Picard vous arrête, ou si vous vous dégoûtez d'un homme, parce qu'il n'est pas aussi sublime que Racine? Il vous auroit édifiée, le pauvre homme, si vous aviez vu son humilité dans sa maladie, & son repentir sur cette recherche de l'esprit. Il ne demanda point dans ce temps-là un Directeur à la mode : il ne vit qu'un bon Prêtre de sa paroisse. J'ai vu un autre bel esprit, qui avoit fait de très-beaux ouvrages, sans les avoir fait imprimer, ne voulant pas être sur le pied d'Auteur : il brûla tout, & il n'est resté de lui que quelques fragments dans ma mémoire. Ne nous occupons point de ce qu'il faudra tôt ou tard abjurer. Vous n'avez encore guere vécu, & vous avez pourtant à renoncer à la tendresse de votre cœur, & à la délicatesse de votre esprit. Allez à Dieu, ma chere fille, & tout vous sera donné. Adressez-vous à moi tant que vous voudrez. Je voudrois bien vous mener à Dieu : je contribuerois à sa gloire : je ferois le bonheur d'une personne que j'ai toujours aimée particuliérement, & je rendrois un grand service à un Institut qui ne m'est pas indifférent.

LETTRE XXIV.

Aux Dames de St. Louis.

1699.

JE vous ai dit souvent, mes cheres filles, que je suis incapable & indigne de vous exhorter, & que je ne le fais que par obéissance. Depuis que j'ai vu les écrits de Me. de Chantal, j'ai cru n'avoir plus rien à vous dire : j'y ai trouvé tout ce que je pense, & mille fois mieux que je ne le pourrois exprimer. Je vous l'ai dit ; mais l'amitié que vous avez pour moi, vous prévenant, vous desirez que je vous dise mon avis sur les choses qu'elle a écrites, & dont j'ai fait copier ce que j'ai cru qui vous étoit propre & convenable à votre Institut. J'obéis à ce que vous avez voulu : mais je ne puis qu'approuver tout ce que vous trouverez dans ce recueil, & vous conjurer de vous y conformer. Vous ne pouvez prendre un meilleur esprit que celui de St. François de Sales, & rien ne m'a donné plus d'espérance, que votre goût pour les maximes de ce grand Saint. Lisez & relisez ses écrits : c'est un excellent Directeur. Me. de Chantal, qui en avoit si bien profité, entre dans un détail très-propre à votre Communauté. Il me semble qu'avec ces livres & des filles de bonne volonté, on peut faire un Monastere bien régulier & bien parfait. Le chapitre des fondations ne vous regarde point : il faut vous bien fortifier avant de vous étendre plus loin : vous ferez assez de bien, si vous vous acquittez saintement & fidélement des obligations de votre Institut. Mais si jamais les Rois & les Reines vouloient multiplier les Maisons de St. Louis, (& pourquoi ne le voudroient-ils pas un jour?) je pense que vous ne pourriez mieux faire que d'imiter les filles de la Visitation, & d'observer dans les fondations tout ce qui est prescrit dans ce chapitre, & dans ceux qui le suivent. Vous trouverez toujours des gens éclairés & vertueux à consulter : je crois que les avis d'un Saint, & l'expérience de ces saintes filles, vous feroient marcher plus sûrement que vous ne feriez par des chemins tout nouveaux. Quand je vous parle des Rois & des Reines pour des fondations, c'est qu'il vous est défendu par la vôtre, de recevoir de toute autre personne, sous quelque prétexte que ce soit, ni augmentation, ni présent.

Soyez fidelles à votre institut : il est singulier, & vous n'avez pu imiter en tout les filles de la Visitation, parce que le vœu d'instruire, de même que plusieurs articles de votre établissement, ne pouvoient s'accommoder avec le leur; mais imitez cette fidélité, cette exactitude, cette obéissance, qui les a soutenues jusqu'ici dans la ferveur & dans l'uniformité. N'oubliez jamais que celles qui vous ont instruites, vous ont dit qu'elles ne changeroient pas la moindre de leurs pratiques, même pour en établir de meilleures : soyez donc, comme elles, inébranlables, quoi qu'on vous propose, & dites pour toute raison : C'est notre institut, c'est l'esprit de notre Maison, c'est l'intention de notre Fondateur & de nos Supérieurs. Tout ce qui s'est passé dans les commencements de votre fondation, vous a fait voir qu'on trouve toujours à changer dès qu'on veut écouter, & qu'il y a des raisons pour soutenir tout ce que l'on propose. Cette fermeté à demeurer fidele à ses regles, à ses coutumes, à ses pratiques, est un excellent exercice de renoncement à ſes lumieres, à ſa propre volonté, & au plaiſir de la nouveauté & du changement. Je vous conjure donc, mes très-cheres filles, vous qui êtes les fondemens de la maiſon, vous qui avez été formées par ces ſaintes Religieuſes, vous qui ſavez les intentions de ceux qui vous ont gouvernées, vous qui connoiſſez mon reſpect pour la regle, d'être fermes dans la vôtre, & de n'y ſouffrir jamais ni altération, ni relâchement.

LETTRE XXV.

A Me. de Glapion (1).

Ce 14 Octobre 1699.

JE veux bien que vous m'aimiez; mais je ne prétends pas que vous ſoyez triſte en mon abſence. Si je demande de la

---

(1) De Glapion des Routis, née en 1674, morte en 172.. Pour avoir une idée de Me. de Glapion, qui figure ſi avantageuſement dans ces lettres, & qui de toutes les Dames de St. Louis fut la plus intimement honorée de la confiance de l'Inſtitutrice, on peut voir ſon portrait, tel que je le tiens d'une de ſes éleves, dans l'Avertiſſement qui eſt à la tête de ces Lettres aux Dames de St. Louis.

gayeté dans la maladie, jugez, ma chere fille, si je pardonnerois de l'abattement dans l'amitié. Suivez avec joie le dessein que vous me confiez. Je pratique ce que je vous conseille, & je suis tranquille, malgré le déplaisir d'être si loin du lieu du monde où je me plais le plus. Mais ce déplaisir me revient souvent dans l'esprit ; il sera long : j'y suis préparée : à ma place, l'on a mille raisons de mourir, & l'on ne meurt point. Le Roi & Me. la Duchesse de Bourgogne ne sortent point de ma chambre : il faut que je me leve à cinq heures pour vous écrire. Je suis bien fâchée du mal de ma sœur Radouai (1). St. Periers (2) est souvent malade. Voilà ce que c'est que les bonnes santés ! Adieu, ma chere Glapion : assurez toutes vos sœurs, depuis Me. du Pérou jusqu'à Mlle. de la Palliere, qu'elles sont toutes dans mon cœur, & parez-vous de cette longue lettre à la récréation.

---

(1) De Remont de Radouay, née en 1668, Dame de St. Louis en 1686, d'un esprit aimable, & goûtée de Me. la Maréchale de Noailles, au point d'exciter la jalousie de Me. de Maintenon.
(2) De St. Periers de Baudeville, née en 1675.

LETTRE XXVI.

A la même.

JE me suis bien apperçue du dégoût que vous avez pour vos Confesseurs : vous les trouvez grossiers : vous voudriez plus de brillant & plus de délicatesse ; vous voudriez aller au Ciel par un chemin semé de fleurs. Mais, ma chere fille, vous êtes Chrétienne & Religieuse ; & il y a bien des devoirs dans ces deux mots. Je suis en état de choisir, & je n'ai d'autre Confesseur que le vôtre. Il me seroit aisé d'entendre de beaux sermons ; & je leur préfere la simplicité de cet homme. Sacrifiez vos répugnances. Vous ferez plus de bien par-là, que par ces austérités que vous ne demandez pas, & que vous avez de la peine à ne pas demander. Adieu, ma chere fille : je ne sens aucun mal ; mais je suis dans une foiblesse dont mon esprit se ressentira bientôt. Tout manque en moi ; je m'échappe à moi-même ; mais ma sensibilité pour vous & pour St. Cyr, vit encore.

LETTRE XXVII.

A la même.

A St. Cyr, ce 31 Mars 1700.

POint de fille de Ste. Marie auſſi cordiale, auſſi affectueuſe que je le ferois, ſi je vous diſois tous mes ſentiments pour l'Infirmiere & pour l'Infirmerie. Dieu vous montre ce qu'il veut de vous, la pratique de la charité, la ſolitude, & la privation du plaiſir de ſolemniſer ſa mort & ſa réſurrection avec nous. J'ai fait le chapitre ce matin, & parlé l'après-dîné en particulier : je vais à Marly, & voilà qui n'eſt pas ſi régulier. Votre droiture ſaura bien allier les deux choſes qui vous paroiſſent incompatibles : il n'y a que les diſtinctions qui affligent dans les Communautés, parce qu'elles humilient. Pour vos impatiences, ma chere fille, elles ne ſont pas bien grandes, puiſque perſonne ne s'en apperçoit : vous les ſentez, vous; raiſon de plus de continuer à veiller ſur vous-même. Occupez-vous gayement de la gloire de Dieu : vous lui devez beaucoup, & j'eſpere que vous payerez bien.

LETTRE XXVIII.

A la même.

NE perdez pas le fruit des bons propos que vous tenez, en communiquant aux autres vos dégoûts : cachez-les avec soin ; faites mieux, n'en ayez plus. Il faut que tout le bien se fasse par les Supérieurs : aimez-les donc, & faites les respecter. Sortez de votre retraite, toute grande, toute forte, toute zélée. Laissez les pensées d'enfant aux enfants, & venez aider à établir une maison qui doit sanctifier le monde. Ne croyez pas être seche pour les malades : vous êtes charitable & douce : mais vous voulez les rendre raisonnables, & c'est trop exiger. L'envie d'être approuvée est naturelle ; mais tâchez d'aimer le bien pour le bien, & d'offrir tout à Dieu : l'amour-propre trouvera toujours assez à se mettre partout.

Pourquoi cette aversion pour le Catéchisme ? Ne contient-il pas toute la Religion ? Vous trouvez ridicule que le maître fasse des demandes d'un écolier, & que l'écolier fasse des réponses d'un maître. Vous voudriez que la question fût faite par l'enfant, & que d'après la réponse qu'on lui auroit faite, il raisonnât, & qu'il avançât de curiosité en curiosité. Vous pouvez avoir raison, mais il faut suivre l'usage : l'expérience fait voir que la méthode que vous condamnez est facile & succinte. Vous en voulez encore au Catéchisme, parce qu'il ne parle pas convenablement de nos saints mysteres : & comment l'homme pourroit-il parler de ce qu'il ne peut comprendre ? Il est impossible qu'il ne bégaye, & qu'il ne communique à des choses si sublimes la petitesse de son esprit. Je vous sais gré de le sentir; mais il ne faut pas vous impatienter contre des expressions reçues : ce n'est pas la faute du Cathéchisme, c'est la grandeur des mysteres. Toutes ces idées sont des restes de vanité : vous ne voudriez point de choses communes à tout le monde : votre esprit est élevé ; vous voudriez des choses qui le fussent autant que lui : inutile desir : la plus savante Théologie ne peut vous parler de la Trinité autrement que votre Catéchisme. Votre répugnance à enseigner à des enfants d'une maniere bisarre des vérités communes, ou d'une maniere basse des vérités sublimes, est encore matiere de sacrifice. Employez votre esprit, non à multiplier vos dégoûts, mais à les vaincre, mais à les cacher, en attendant qu'ils soient vaincus ; mais à vous faire aimer les plaisirs de votre état. Je n'aurois pas été si sévere que votre Confesseur sur la Musique; mais apparemment il a ses raisons. Quel est ce livre que vous voudriez lire, & que vous ne lisez pas ?

Ne vous inquiétez point de votre peu de ferveur : si Dieu demandoit de vous des austérités, il ne vous auroit pas mise dans une maison où l'on n'en connoît d'autres que celle d'une vie toujours active : la violence que vous faites à votre naturel porté aux liaisons, vaut mieux que les haires & les cilices. Je ne vous ménage point ; mais je compte si fort sur votre candeur, que je ne cherche point vos défauts : vous n'en avez point d'autres que ceux dont vous vous accusez. On a défait dix-huit cents Camisards : je demanderai à notre Mere une procession pour remercier Dieu, quelque affligeant qu'il soit de se réjouir de la mort de ces rebelles, qui pourtant sont François.

LETTRE XXIX.

A Me. du Pérou.

Ce 24 Février 1701.

IL m'a toujours paru que vous désiriez que j'écrive sur ce qui peut être de quelque conséquence dans votre maison. Je mets en ce rang les belles Tragédies que j'ai fait composer pour vous, & qui peuvent être imitées à l'avenir. Mon dessein fut d'éviter les mauvaises compositions des Religieuses, telles que j'en avois vu à Noisy. Je crus qu'il falloit divertir les enfants, & je voulus, en amusant les miens, remplir leur esprit de belles choses, leur donner de grands idées de la Religion, élever leurs cœurs à l'amour de la vertu, orner & cultiver leur mémoire, les former à la prononciation, & les retirer des conversations qu'elles ont entre elles, sur-tout les grandes; qui, depuis quinze ans jusqu'à vingt, s'ennuyent un peu de la vie de St. Cyr, parce qu'elles ne connoissent point celle du monde. Voilà mes raisons pour continuer chez vous ces représentations, tant que vos

aux Dames de St. Louis. 167
[...]rieurs ne vous le défendront pas.
[...] renfermez-les dans votre maison :
[...]es faites point à la grille, sous quel
[...]exte que ce soit. Il sera toujours dan-
[...]ux de montrer à des hommes des fil-
[...]ien faites, & qui ajoutent aux agré-
[...]ts de leur personne le talent de se
[...]onner dans leur rôle, & d'attendrir.
[...] souffrez donc aucun homme, ni pau-
[...] ni riche, ni jeune, ni vieux, ni
[...]re, ni Laïque, je dis même un Saint,
[...]en est un sur la terre. Je ne suis pas
[...] peine sur ce que nous fîmes hier (1) :
[...] savez comment nous nous y enga-
[...]es : mais, je vous conjure, que ce
[...] la derniere fois.

LETTRE XXX.

A Me. de Glapion.

Ce Lundi 3 Mars 1703.

[I]l s'en faut bien, que nous soyons fidel-
[l]es à toutes nos résolutions : la foiblesse
[nou]s fait tomber ; la ferveur nous rele-

_____

(1) Devant Mr. d'Aubigné, alors Evêque de
[L]yon.

ve; & nous passons notre vie à tendre au bien, & à faire le mal. Quelqu'infructueuses que soient nos résolutions, c'est une grande grace de les avoir : on en garde toujours quelqu'une. Votre cœur est fait pour Dieu, ma chere fille ; & plus je vous connois, plus j'espere que vous l'aimerez uniquement. Je desire ardemment votre salut ; mais je ne voudrois pas y contribuer par des faussetés. Je dis aux autres la vérité par devoir : je vous la dis à vous par inclination : vous m'écoutez : vous avancez : vous tenez de bons discours : vous donnez de bons exemples : que de raisons de vous aimer ! Vous serez la joie & la consolation de vos Supérieurs, & le soutien de votre Institut ; vous deviendrez une Sainte ; & vous ne vous sauverez pas seule.

LETTRE XXXI.

A Me. du Pérou.

JE n'ai pu encore avoir les reliques du Roi d'Angleterre ; la Reine étoit dans son lit, hors d'état de les aller chercher. Quand on ouvrit le corps de ce saint Roi, les Gardes trempoient leurs mouchoirs
dans

dans son sang, & faisoient toucher leurs chapelets à son corps; Mr. Dodard en a pris quelque chose. J'admire la conduite de Dieu: il a permis que ce Prince ait été méprisé pendant sa vie pour lui faire sentir l'humiliation, & il le glorifie quand il ne peut plus abuser de sa gloire. Cette réflexion doit faire trembler ceux qui sont honorés dans ce monde. Je suis si abatue, que je n'ai pas la force de vous aller dire adieu. Nous partons à quatre heures; mais il faut rendre au Roi un bon office auprès de vous, en vous disant qu'il a fait ce qu'il a pu pour m'envoyer à St. Cyr. Adieu, fortifiez-vous en Dieu, à mesure que les secours & les consolations vous manquent: il faut vous y accoutumer peu à peu. Entretenez nos cheres filles dans la ferveur & dans la joie, & qu'elles songent à vous réjouir: car vous en avez besoin. Je vous embrasse toutes.

LETTRE XXXII.

A Mr. de Beaulieu.

1703.

IL faut bien qu'une premiere Maîtresse de classe figure à la récréation, & que ce soit elle qui apprenne de mes nouvelles aux autres. Mais je ne puis rien dire de gai : j'ai le cœur serré de la douleur de notre Princesse, depuis que Mr. de Savoye a déclaré la guerre au Roi.

O mes cheres filles! que vous êtes heureuses d'avoir quitté le monde! Il promet de la joie, & n'en donne point. Le Roi d'Angleterre jouoit hier dans ma chambre avec la Duchesse de Bourgogne & avec ses Dames à toutes sortes de jeux : notre Roi & la Reine d'Angleterre les regardoient ; ce n'étoient que danses & emportements de plaisirs, & presque tous se contraignoient, & avoient le poignard dans le cœur. Le monde est certainement un trompeur : vous ne pouvez avoir trop de reconnoissance pour Dieu de vous en avoir tirées.

LETTRE XXXIII.

Aux Dames de St. Louis.

Ce 13 Juillet 1704.

J'Espere que votre expérience vous dégoûtera des écrits, & vous persuadera qu'il faut tirer son instruction & animer la vertu par ceux qui ont toujours été le fondement de la Religion. Il y a mille choses édifiantes, dont on peut user avec la permission de ceux qui nous conduisent; mais tout cela doit être passager. Vous savez dans quelle intention j'osai vous donner la connoissance & les écrits de Mr. de Cambray. C'étoit un homme d'une grande réputation, & qui me parut un Saint: je n'ai jamais eu rien de bon que je n'aye voulu le partager avec vous: dans cette vue, je remplis votre maison de ses ouvrages. Vous savez le mal qu'ils y firent. Voyez par-là combien il faut être discret dans son zele, & jugez du besoin que nous avons de délibérer long-temps, dès qu'il s'agit de quelque chose de nouveau. J'avois beaucoup oui parler du Jansénisme dès ma jeunesse : je n'en ignorois pas les maximes, & Dieu m'a fait la grace de haïr tous les partis. Mais je n'avois pas la moindre idée du Quiétisme ; ainsi je donnai dans les sentiments de Mr. de Cambray, sans en connoître le danger : il me devint suspect, aussi-tôt que je le vis contredit par ses confreres & par ses meilleurs amis; & en me faisant instruire, je vis bientôt l'illusion dont il a plu à Dieu de me préserver. En attendant le jugement de Rome où l'on avoit porté l'affaire, je me trouvois souvent embarrassée, entre le zele qui me portoit à parler contre cette doctrine, & l'amitié qui m'invitoit à parler pour M. de Cambray. Je consultai M. Joly, Général de la Mission, votre Supérieur, & bien digne de toute mon estime. Il me répondit, que non-seulement il falloit crier contre les Nestoriens, mais encore contre Nestorius, parce qu'il étoit difficile de faire haïr l'erreur, tandis qu'on feroit aimer l'hérétique. Rome condamna la doctrine de M. de Cambray : il accepta : il se soumit. Je me trouvai dans un autre embarras. Pouvois-je croire cette soumission sincere, tant que je ne voyois pas le Prélat devenir, comme St. Paul, Prédicateur de la foi qu'il avoit combattue ? Cette disposition de mon cœur me donna quelque scrupule, que je confiai à un homme de bien. Il me dit que la règle, dont je me servois pour juger de la sincérité de la soumission de Mr. de C., étoit la même que St. Augustin donnoit pour juger en pareil cas. Dès-lors, je demeurai en repos. Je ne croirai qu'on est détrompé d'une erreur, que lorsque je la verrai attaquer avec autant de force qu'on en a eue pour la soutenir. Veillez toujours, mais prudemment, à prévenir vos filles sur les nouveautés : tâchez de leur donner le goût & la pratique d'une obéissance simple ; c'est le chemin du repos & de la sûreté : je signerai ces vérités de mon sang, quand vous le voudrez.

LETTRE XXXIV.

A Me. de Montalembert (1).

Ce 10 Août 1704.

Que n'aurois-je point à vous dire, ma chere fille, si je pouvois vous rendre compte de tout ce que j'ai senti

_____
(1) Elle sortit de St. Cyr pour être Capucine.

sur notre séparation ? Je vous demande pardon de mes doutes ; vous m'avez bien convaincue de votre courage & de votre fidélité à suivre la volonté de Dieu : je ne vous ai jamais autant aimée que je vous aime. Mr. l'Abbé de Brisacier m'envoya tout droit à Marly la lettre que vous lui avez écrite : je l'ai lue & relue avec un extrême plaisir : j'y ai vu une paix & une joie qui ne peut venir que de Dieu : continuez bien à entrer dans les détails, & dites-nous de petits mots, comme celui que vous avez mis, qu'autant qu'on est exact chez vous à faire ce qui est prescrit, autant est-on réservé à permettre des austérités extraordinaires : vous croyez bien que je ne l'oublierai pas : je fais une grande provision de bon sens en prenant ce que les autres en ont : je serois ravie de profiter en quelque chose du sage gouvernement de votre sainte Maison, établie par des Saints : instruisez-moi donc, ma chere fille : procurez-nous des prieres de vos sœurs, pour tout notre Institut, & pour moi en particulier : aimez toujours St. Cyr, & demandez sa perfection. On y a pris votre sortie comme vous l'auriez désiré, si les sentiments d'autrui pouvoient vous toucher encore : on a été attendri, édifié, mais point troublé. Si votre Confesseur va à Moret dans le temps que j'y serai, vous croyez bien que je l'entretiendrai. Ceux qui vous ont conduite à Dieu, me plairont toujours; j'irai vous embrasser avant votre profession: voudra-t-on bien me recevoir? Que Dieu est incompréhensible dans ses desseins, ma chere fille! & qu'il est bon d'adoucir nos croix, comme il fait!

LETTRE XXXV.

A Me. de.....

1705.

Rien n'est si touchant que l'affliction de nos Princes, & rien n'est plus édifiant que la maniere dont ils se soutiennent: le Roi a été tout occupé du bonheur de l'enfant (le Duc de Bretagne) par rapport aux difficultés du salut, sur-tout pour les Grands. M. le Duc de Bourgogne est tout rempli des sentiments d'Abraham, en offrant son fils: Me. la Duchesse de Bourgogne a une douleur si grande, si sainte, si sage, si douce, qu'il ne lui est pas échappé un mot qui n'ait charmé tout le monde: le Duc de Berry a les yeux dans un état qui prouve son bon naturel : toute la Cour est affligée; j'en ai ma bonne part ; mais je ne sais pas succomber : je veux tout ce que Dieu veut, quoiqu'il m'en ait coûté, & qu'il me prenne en cette occasion par ce que mon cœur a de plus tendre. Adieu, mes cheres enfants, fortifiez-vous dans la foi & dans les bonnes œuvres : il y a beaucoup à souffrir tant que nous sommes sur la terre, & l'on a grand besoin d'être affermi en Dieu. Que l'état où nous sommes ne vous attriste pas ! Dieu ne sera pas toujours en colere, & j'espere qu'il nous consolera.

LETTRE XXXVI.

A Me. de Glapion.

A St. Cyr, ce 4 Juillet 1705.

MA vie n'est pas exempte de peine ; votre petit billet, ma chere fille, les adoucit beaucoup. Je suis ravie de vous savoir dans cette paix qui surpasse tout sentiment humain. Je vous l'ai souvent dit : Dieu seul mérite le cœur qu'il vous a donné. Je suis très-contente de la Com

AUX DAMES DE ST. LOUIS. 177
munauté: il me paroît qu'on avance dans
la piété, que l'union est grande entre
vous, qu'on obéit aux Supérieurs, qu'on
respecte les Ministres de J. C. en esprit
de foi, qu'on n'a plus de curiosité pour
le monde, que les parloirs sont déserts,
que les jeunes se forment aux soins de
l'éducation, que les anciennes souffrent
avec une grande vertu d'en être privées.
Enfin, ma chere fille, notre Communauté
sera parfaite, quand nous aurons détruit
cette mollesse dont nous parlons si souvent. Je voudrois qu'une Dame de St.
Louis sacrifiât sa santé, sa vie, comme
elle a sacrifié sa liberté. Ce bien, qui
nous donne tant de joie, ne se conservera que par une continuelle application.
Il faut tout voir, tout reprendre, tout
corriger. Vous ne vous débandez point
l'esprit, ce me semble : vous n'avez point
de liaisons particulieres, & votre amour-
propre se prive de tout ce qui pourroit
le nourrir : venez donc à la récréation,
& mettez Mlle. de Plantadis à votre
place.

LETTRE XXXVII.

A la même.

Dimanche 14 Mars 1706.

JE suis tout de bon fâchée contre vous: vous vous renfermez avec ma sœur de la Haye : il faudra que vous en fassiez autant pour les autres : car vous ne voudrez pas être accusée de prédilection ; & c'est vous engager à vous tuer vous-même. Quand je veux dire mes raisons, on me répond, que vous seriez affligée qu'on vous ordonnât de vous retirer ! Pour moi, je vous affligerois de bon cœur, & pour vous faire obéir, & pour vous conserver. Mon favori de Lisle pleure notre malade, & Me. la Duchesse de Bourgogne n'en est pas loin. Je vous envoye l'ordonnance de M. de Chartres pour vous amuser. Vous prenez de travers tout ce qui se dit sur la mollesse : je crains bien que vous ne vous y soyez exposée ; car la mollesse n'est pas pour les malades, & vous le serez, si vous ne l'êtes déja. Je me lasse de toutes les inquiétudes que vous me donnez : songez à devenir plus raisonnable, ou je vais songer à vous moins aimer.

LETTRE XXXVIII.

A Me. du Perou.

Fontainebleau, Juillet 1708.

Nous perdrions trop à l'anéantissement de Me. de Radouay, pour le souhaiter : il faut qu'elle soutienne son personnage, & que nous l'excitions le plus que nous pourrons à force de satisfactions & d'agrémens donnés aux Dames de St. Louis. Je ne me console pas de ne point écrire en particulier à toutes, & d'avoir à me partager entre leur sainteté & le siecle. Ma sœur des Fontaines se mêle de faire des lettres admirables : je vous prie, ma chere mere, que nos filles ne veulent point avoir de l'esprit. Que dira Me. de Glapion là-dessus ? le sien ne se révoltera-t-il pas contre une si forte décision ? Je permets que vous ne la preniez pas tout-à-fait à la lettre. On m'écrit qu'elle est revenue de sa retraite avec le visage & la voix meilleurs : elle travaille donc, elle parle donc trop quand elle est en liberté. J'ai oublié de vous dire que Mr. le Duc de Bourgogne m'a écrit qn'il se recommande à vos prieres : vous ne pouvez trop demander à Dieu d'achever son ouvrage dans ce Prince qui se conduit parfaitement. Il me mande qu'il ne me dira point qu'il fait le mieux qu'il peut, parce qu'il ne diroit pas vrai, & qu'il pourroit faire beaucoup mieux, & que tous tant que nous sommes, nous pourrions plus que nous ne faisons. C'est pratiquer ses devoirs, que de les connoître si bien. Comme j'ai la vocation de notre Institut, je me suis fait des écoles à Avon où je vais souvent montrer ce que j'ai appris de vous. Je trouve des Maîtres d'école qui montrent le Catéchisme, & des enfants qui le savent à merveille ; mais quand j'ai voulu savoir d'eux qui a fait le *Pater*, il n'en savent rien : qui a fait le *Credo*, encore moins ; s'ils adorent la Vierge, oui : s'ils adorent les Saints, ouidà : si on peche de manquer la Messe un un jour ouvrier, oui certes ; & mille autres choses pareilles, qui nous ont fait récrier, Mlle. d'Aumale & moi, sur le malheur de l'ignorance, & sur votre bonheur d'instruire si bien vos Demoiselles. Vos bonnes œuvres vont à l'infini

Les Curés n'en savent quelquefois pas plus que les peuples : ils ne songent qu'à parer leurs Eglises, & à tirer de l'argent pour l'employer assez souvent en choses frivoles : ceux qui sont plus éclairés songent à bien prêcher ; & au milieu de tout cela, leurs brebis ignorent tout. J'irai demain à un de ces Prônes. Ranimez-vous tout de nouveau, mes chers enfants, sur les expériences de votre vieille mere, qui se porte assez bien, & qui va dire à la Princesse des Ursins & à Me. de Caylus, qu'elle n'a pas la force de leur écrire de sa main ; & pourquoi ne l'a-t-elle pas ? dira Me. de Radouay : parce qu'elle a écrit une lettre de trois pages à des filles, dont elle est affolée.

LETTRE XXXIX.

A la même.

Quoique ce qui s'est passé chez vous sur ce qui vous est resté du sacre (1) de M. l'Evêque de Blois, paroisse une bagatelle, je l'ai cru si important, que j'en ai rendu compte au Roi. Ne vous a-t-il pas défendu de rien recevoir, de rien acquérir ? Non-seulement il l'a inféré dans vos Réglements, mais il en a fait une des conditions de vos lettres-patentes. Je ne puis vous dire à quel point il a été scandalisé. Il m'a proposé d'abord de vous aller encore signifier ses intentions sur ce sujet, & je ne doute point qu'il ne le fasse, quand il sera de retour à Versailles. Il a trouvé fort mauvais que je n'aye pas fait sortir sur le champ tout ce que vous avez laissé entrer dans votre maison contre sa volonté. Il a demandé ce que vous ferez après sa mort ;

_____

(1) Dans l'Eglise de St. Louis, on avoit fait des estrades : les planches resterent : on ne savoit à qui elles appartenoient, & la Supérieure souffrit qu'on les mît dans le magasin de la maison.

puisqu'à un quart de lieue de lui, sous ses yeux, sous les miens, vous osez manquer à votre fondation & à votre Fondateur. Vous ne pouvez trop étudier vos obligations : les mauvais exemples ne vous justifieront point. Votre désintéressement doit être parfait : car votre maison ne peut manquer, tant qu'il y aura un Roi en France. Sachez donc précisément, si ce bois a été donné ou non à la Ferté, & me le mandez. Je souhaite que vous soyez innocente, & que vous sachiez vous avouer coupable.

LETTRE XL.

A la même.

SI nous ne songeons à instruire nos filles, on les mettra en tutelle dès le lendemain de ma mort. On leur donnera dans le dehors un économe qui les troublera sans cesse, s'il ne les ruine, ou ne les vole. Je sais qu'il faut avoir patience avec elles, que de long-temps elles ne peuvent être bien habiles : c'est pour cela même que je me dépêche d'y travailler. Je m'offre avec tous mes gens pour les servir, & je n'aurai nulle peine à être leur Intendante, leur femme d'affaires, & de tout mon cœur leur servante, pourvu que mes soins puissent leur apprendre à s'en passer. Voilà où je tends; voilà le fond de mon cœur; voilà ce qui fait ma vivacité & mon impatience, & voilà ce que je soumets à vos avis.

Point d'économie indiscrete : si elle est nécessaire, qu'elle tombe sur vous qui êtes Religieuses, & non sur les Demoiselles. C'est vous qui avez fait vœu de pauvreté : dans les temps calamiteux, que les Demoiselles ne mangent de pain bis qu'après que vous en aurez mangé de noir. Que le bon esprit de les regarder en tout comme le premier objet de l'Institut, se perpétue dans votre maison.

Par le même principe, sacrifiez toujours le temporel au spirituel. Soyez plus attentive à maintenir vos réglements qu'à faire valoir votre bien : la chûte des Maisons Religieuses ne commence jamais par le désintéressement. S'il y a dans la Maison un bon esprit, ne l'employez point à tenir des comptes, mais à former les Novices & à instruire les enfants. N'oubliez jamais que St. Cyr n'a pas été bâti pour vous, & que vous avez pris le voile pour elles. Ce qui est vertu pour les autres est devoir pour vous.

LETTRE XLI.

A Me. de Roquemont.

OUi, ma chere fille, je suis la protectrice des récréations, & je ne cesserai de prêcher la régularité & la récréation. Je crois que l'un contribue à l'autre : je crois que des filles, qui sont fidelles au silence de la regle & à l'application des classes & des autres emplois de la Maison, ont besoin de se débander l'esprit ; je crois que des récréations réglées par les Supérieures ne tourneront jamais à mal : je crois que celles qui s'y opposent sont moins humbles & moins simples que celles qui croyent en avoir besoin, & que les premieres sont soutenues dans leurs austérités par l'amour-propre : je crois que celles qui seroient en effet plus ferventes & plus mortifiées, plairont plus à Dieu en s'accommodant aux autres, qu'en se distinguant, & que la charité & la condescendance sont au-dessus de l'austérité : je crois enfin, ma très-chere fille, que vos Supérieures doivent être fort attentives à vous récréer, tant que vous ne cher-

cherez pas vous-même à vous donner des plaisirs, & que vous ne voudrez, ni au dehors, ni au-dedans, faire la moindre irrégularité. Je vous parle d'autant plus hardiment là-dessus, que je l'ai consulté plusieurs fois à votre saint Evêque, qui n'est pas assurément accusé de relâchement, & qui m'a toujours dit que vous n'aviez pas assez de récréations. Continuez donc hardiment, ma chere fille, à les solliciter. Je voudrois bien que votre santé vous mît en état d'y prendre part, car je vous aime tendrement. Mais puisque ceux qui ont fait les regles, les trouvent eux-mêmes si exactes & si serrées, ne vaudroit-il pas mieux les relâcher, que de donner si souvent des récréations ? Non, car l'exactitude est d'une absolue nécessité pour les Dames de St. Louis, & tout changement à la regle est nuisible au but pour lequel la regle a été faite. Il faut modérer le travail, sans cesser pourtant de travailler.

La petite de Villefort est dans une profonde tristesse : je lui donnai une pistole ; son visage changea ; elle se mit à rire ; & je vis bien distinctement que nous apportons en naissant toutes sortes de convoitises. Votre domestique a des vapeurs : peut-être un présent les dissiperoit-il donnez-lui donc dix piſtoles de ma part. Nos maîtres s'ennuyent ici, & font ſemblant de s'y plaire fort. Vive St. Cyr ! malgré ſes défauts, on y eſt mieux qu'en aucun lieu du monde. Je n'oſe rien dire à ma sœur de Glapion, à cauſe des attendriſſements de part & d'autre. Qu'on eſt heureux, ma fille, de trouver Dieu partout ! Et qui peut ſe ſuffire à ſoi-même?

LETTRE XLII.

A Me. de Champigny.

JE n'ai jamais rien vu de ſi beau, de ſi bon, de ſi aimable, de ſi net, de ſi bien arrangé, de ſi éloquent, de ſi régulier, en un mot, de ſi merveilleux que votre lettre : ſi votre conſcience eſt dans un auſſi grand ordre, M. Treil (1) n'a pas grand'choſe à faire. Il eſt vrai, ma chere fille, que la mienne eſt en paix ; mais vous feriez bien mécontente des troubles, des ennuis, des impatiences, des dépits, & quelquefois des déſeſpoirs de mon pauvre eſprit, au milieu des impor-

―――――――――――――

(1) Confeſſeur de cette Dame.

tunités dont vous me parlez, & qui sont sans mesure depuis que la Cour d'Angleterre s'est jointe à celle de France. Je vous crois trop sage pour vous laisser aller au chagrin de mon absence, qui finira, s'il plaît à Dieu, le 27 de ce mois. L'éloge que vous faites de ma sœur Vandam est complet. Vous savez, ma très-chere fille, combien je vous aime; car cela est trop vrai pour que vous ne vous en apperceviez pas.

LETTRE XLIII.

A Mr. de Fontaines.

JE n'ai rien à vous dire de nouveau depuis hier. Nous sommes gâtés, crottés, mouillés, ennuyés. Pour moi je suis attristée de me voir pour si long-temps éloignée de mes cheres filles, avec lesquelles je trouve tout ce qu'il y a de bon. Je demande pardon à ma sœur de Radouay de cette phrase, qui me paroît encore trop foible pour exprimer l'abandon où je me trouve au milieu des caresses, des plaisirs, des honneurs, de la multitude, & des richesses. N'en parlons plus; car elle ne me pardonneroit jamais. Cet état

le mauvais temps empêchent les petits
voyages de charité que je pourrois faire,
qui me seroient à moi un amusement, &
aux autres un secours. Dites à la sournoise
(Me. de Jas) que sa lettre traite de matieres si importantes, que j'y répondrois,
si je ne savois qu'elle trouvera dans votre tête tout ce qu'il peut y avoir de bon
dans la mienne. L'impatience de mon humeur me rend aussi inutile, que mon peu
de capacité.

LETTRE XLIV.

A Me. du Pérou.

Ce 28 Juillet 1708.

JE n'aime plus à vous écrire, ma chere
fille, parce que je voudrois toujours
vous réjouir, & je ne suis plus propre
qu'à vous affliger. Les affaires de Flandre
ne sont pourtant pas en mauvais état : la
plupart de nos troupes dispersées sont revenues : peu de gens sont demeurés sur
la place, & il y a moins de prisonniers
qu'on ne le disoit. L'armée est donc très-
nombreuse & de bonne volonté : mais
je crains que la confiance outrée de M. le

D. de Vendôme ne nous attire encore quelque malheur, si l'on s'expose à de nouvelles actions. M. le Duc de Bourgogne a toujours été de tous les bons avis ; mais son peu d'expérience empêche qu'on ne s'y fie tout-à-fait. Vous perdez bien à ne pas voir ses lettres : elles sont pleines de courage, & de sagesse, & de piété. Priez toutes pour lui, je vous en conjure, & d'une façon toute particuliere. *Nos Princes ont couru un péril plus grand que n'auroit été leur mort.* Mes plus grandes allarmes sont présentement pour le Dauphiné : il est impossible que M. de Savoye n'y fasse beaucoup de mal. S'il y entre, comme il y a lieu de le croire, bien des gens sont persuadés qu'il n'y sauroit demeurer. Jamais mon St. Cyr ne m'a été si nécessaire, & pour me cacher, & pour me consoler. Dieu connoît nos endroits sensibles, & sait bien les toucher. Je l'éprouve par une si longue absence. Cependant réjouissez-vous, mes chers enfants ; votre tristesse augmenteroit encore la mienne : faites-vous des saintes pour nous obtenir la paix. Je suis affligée de tout ce que je vois & de tout ce que j'entends : mais nous avons un grand Consolateur.

LETTRE XLV.

A la même.

Ce 4 Août 1708.

LE temps de vous écrire me manque quelquefois, mais encore plus le courage. Je suis dans des inquiétudes continuelles sur le dénouement de la Campagne. M. le Duc de Bourgogne est à la tête d'une puissante armée, remplie de bonne volonté: leur situation est bonne: ils ne manquent de rien; mais on prétend qu'ils ne sauroient revenir en France, sans donner une bataille, qui me serre continuellement le cœur. Faites donc là-dessus, ma chere fille, tout ce que vous croyez le plus propre à nous attirer le secours de Dieu, & faites des neuvaines de prieres & de Messes. Je ne sais point dissimuler avec vous, mes cheres filles: mes lettres ne peuvent que vous donner de la douleur. Ne dites pas tout à Me. de Glapion: il faut ménager sa sensibilité. Non-seulement il faut que vous ayez du courage, mais il faut que vous en donniez aux autres.

LETTRE XLVI.

A la même.

J'Ai été fort allarmée sur le Dauphiné : il m'en a bien coûté vingt-quatre heures de fievre : mais les nouvelles d'hier nous apprirent que M. le Duc de Savoye n'avance point, que M. le Duc de Berwick ne craint guere, & que la ville de Lyon montre dans cette occasion beaucoup de courage, d'affection & de fidélité : ils ont pris toutes sortes de bons partis par eux-mêmes, retranché leurs fauxbourgs, & pourvu à tout. Il faut que ma sœur de Vertrieux (1) écrive à Lyon combien on en est charmé, afin que les Lyonnois apprennent de tous côtés combien le Roi est satisfait de leur conduite : elle est trop heureuse d'avoir ignoré mes frayeurs pour ce pays. Oui, assurément, je regarde ma sœur de la Neuville comme une de mes filles, & même un peu comme la grande fille de St. François de Sales, qui étoit, à ce qu'il me semble,
fort

_____

(1) Me. de Vertrieux étoit de Lyon.

fort bien avec elle. J'ai toujours eu pour les Dames de St. Louis de vrais sentiments de mere, les aimant plus ou moins selon leur conduite. Dites, s'il vous plaît, à ma sœur de St. Pars, qu'à l'exemple de Dieu, je l'aime autant raccommodant des paillasses, que faisant une niche pour le Saint-Sacrement, parce que tout cela est égal: mais je ne trouve pas bon qu'elle me fasse des excuses de m'avoir écrit. Si j'étois moins occupée, je l'aurois prévenue. Adieu, ma chere fille.

LETTRE XLVII.

A Me. de Glapion.

Ce 8 Juin 1710.

JE sais ce qui s'est passé, ma chere fille, & vous devez en être charmée au moins dans la *partie supérieure*. Vous aviez grand tort de douter de l'amitié de Me. de **. Si elle est prévenue, c'est assurément en votre faveur: mais quelle estime, quelle inclination qu'on ait pour vous, on ne vous croit pas sans défauts. Je connois parfaitement les vôtres: je les connois, parce que je les ai tous, accompagnés de plusieurs autres que vous n'avez pas. Voulez-vous que nous fassions ensemble notre examen ?

Nous ne sommes pas humbles, mais il y a en vous de grandes ressources, au-lieu que tout nourrit l'orgueil en moi. Vous savez, vous aimez les pratiques de votre Institut : vous vaincrez cette sensibilité, cette révolte de vos goûts, cette délicatesse de votre naturel, augmentée par la tristesse inséparable d'une mauvaise santé. Courage, ma très-chere fille, demandons la force pour nous souffrir nous-mêmes, & pour souffrir les autres : devenons saintes, soit pour vivre, soit pour mourir.

Nous sommes trop choquées du manque de raison, que nous appercevons dans nos semblables : & c'est un très-mauvais effet de la nôtre ; car si elle étoit éclairée, du moins elle nous rendroit patientes.

Nous avons aussi trop d'attachement aux regles. En moi, c'est zele ; en vous, bonne foi : en l'une & l'autre, une espece de défiance des divers moyens que la Providence employe pour parvenir à ses fins.

Nous aimons à connoître nos foiblesses ; mais nous ne pouvons souffrir que les autres nous les montrent.

Nous sommes trop frappées de nos maux, & trop ardentes sur ceux de nos amis : nous nous abandonnons à des tristesses excessives. Un Saint m'écrivoit : *Soyez homme dans votre douleur & dans votre piété* : je vous le dis d'après lui, devenez homme. Un peu de dureté seroit excellente en vous : la grossiéreté même ne vous nuiroit pas. La cloche m'appelle : c'est dommage, j'étois charmée de vous entretenir. Quelle matiere que je traite avec vous, c'est toujours un plaisir pour moi. Cependant nous écrivons trop : & c'est encore un de nos défauts. Nous aimons à parler de nous-mêmes, dussions-nous parler contre nous, & ce n'est pas le plus aisé à détruire.

LETTRE XLVIII.

A la même.

A Fontainebleau 1711.

J'Arrive d'Avon : j'y destinois une heure, & j'y en ai passé trois : j'ai été faire des visites de porte en porte. Depuis que je suis à la Cour, je n'ai pas vu d'aussi délicieuse compagnie. J'en demande pardon aux Dames de S. Louis : mais elles tiennent encore un peu au grand monde, & font plus alertes & moins simples que Geoffroi & Payen (1).

Je vous passe d'aimer M. de Villars, ma chere fille : mais je suis en peine de votre conscience sur le Prince Eugene : on dit qu'il est bien piqué, & résolu de soutenir le siege. Nous lui couperons les vivres : on a pris beaucoup plus de butin qu'on ne l'avoit cru : nous aurons bientôt les drapeaux. Réjouissez-vous, mes chers enfants ; il y a si long-temps que vous êtes tristes.

Notre retour s'éloigne par le plaisir de la chasse & du beau temps. Je suis ici sans plaisir, sans volonté, & sans autre goût que celui du maître. Le mien ne me porte point à courir le cerf : celui que j'ai pour vous n'est pas émoussé, malgré les contradictions que j'y trouve. Mathurin Roch (2) ne peut s'accoutumer à mon ignorance, ni moi à son savoir : je sais tout ce que je puis apprendre, & il veut acquérir : il lit tout, depuis Canisius jusqu'à Bellarmin, & jette mes enfants dans une

---

(1) Paysans d'Avon.
(2) Maître d'école.

profonde Théologie. Ils m'assurent qu'on ne leur a dit jamais un mot de ce que je leur ai appris : & il me paroît pourtant qu'ils n'en savent pas davantage. Françoise veut se marier : elle ne peut ni gagner ses parents ni perdre la moindre partie de sa passion. Elle ne voit pas, dit Susanne, son prétendu *à moitié son saoul.* Oui, j'aurai de la peine à me passer des gens d'Avon : ils ne me donnent d'ennui que par leur misere : je trouve chez eux de la droiture, du bon sens, de la vérité, de l'honneur : je vous en conterai de beaux traits, & peut-être assez pour vous ennuyer. Ils ne parlent pas si bien que nous : mais nous ne faisons pas si bien qu'eux. Leurs vaches se portent mieux ; mais ils n'osent encore en acheter. Je reçus hier une lettre, où ils me disoient qu'ils craignoient pour la santé du Roi & pour la mienne, à cause de la mortalité des bêtes.

LETTRE XLIX.

A Mr. du Pérou

A Fontainebleau 15 Août 1711.

IL étoit impossible de faire l'ouvrage que vous m'avez envoyé, sans vous jetter dans des longueurs infinies : c'est une affaire pour toujours : je crois que vous n'aimeriez pas à la recommencer souvent. Je n'y ai ajouté que de petits mots, parce que je conviens de tout, je connois tout, & j'approuve tout. Je n'oserois me mêler de parler sur les instruments de pénitence : vous savez ce que je vous ai toujours dit là-dessus. Je voudrois fort que nos filles en souhaitassent ardemment, & qu'on ne leur en accordât presque jamais. Quand elles accompliront leurs devoirs, elles seront de grandes saintes sans ceintures de fer : quand elles les négligeront, les austérités corporelles ne les sauveront pas. Elles ont besoin de tranquillité & de patience dans les classes : quand un bracelet pique un endroit sensible, on est bien disposé à l'impatience : & ces pauvres enfants en souffrent. Si la Communauté est telle que ma sœur l'assistante la dépeint dans sa lettre, ma sœur de Radouay sera contrainte de la canonniser. L'assiduité au Chœur, la ferveur dans la priere, l'union dans les esprits, la joie dans les récréations, le concert dans les charges, tout y est à souhait : & si ma sœur de Radouay pouvoit lire la période qui la regarde, elle comprendroit toute notre sensibilité pour les louanges : mais je me garderai bien de la lui envoyer; son amour-propre seroit trop tenté.

Quant à ce que les peres mandent à leurs filles sur leur naissance, il faut instruire nos enfants à n'en pas tirer vanité ; il faut leur dire que chacun croit ordinairement sa noblesse meilleure que celle de son voisin, mais qu'on n'en est pas cru sur sa parole.

Si ma sœur de Bouju est aussi gaye & aussi libre à la récréation qu'elle l'est dans ses lettres, vous êtes trop heureuse de l'avoir acquise : rien n'est plus aimable que ce qu'elle m'écrit. Si la conscience de ma sœur de Champigny est aussi-bien que son caractere, Dieu est bien content d'elle; je le serai à mon tour, si je la trouve dans la confiance qu'elle me promet. Ma sœur de Radouay trouve le moyen de louer en dix lignes toute la Communauté, au moins toutes celles qui ont été à l'Infirmerie, depuis qu'elle y est. Sa critique échoue contre leur docilité, leur obéissance, & leur simplicité. Si tout cela continue, nous allons devenir bien fades. Il n'y a pas jusqu'à ma sœur de Launay, qui ne se mêle de dire des merveilles de la maison, & d'égayer son style fort joliment. Pour ma sœur de Berval, elle a trouvé le moyen de faire une belle lettre en me parlant de bâtiment, d'attelier, de bonnets de charbonnier, de chaudronnier, de batterie de cuisine, de Labourdin (1), & du Héros M. de la Place (2) : elle finit pourtant ce beau récit par un trait assez sublime de l'Institut. Ma sœur de Roucy n'en sera pas quitte, pour m'offrir la confidence de tous ses défauts : je la prie de me l'envoyer, & de ne point consulter là-dessus Mr. de Treilh. Je ne connoissois pas toute l'éloquence de ma sœur du Londe ; je suis ravie de ce qu'elle me mande d'elle & des autres. Ma sœur de Roquemont ne m'a point accoutumée à

―――――――――――

(1) Domestique de la maison.
(2) L'Architecte.

de longs discours : ainsi je suis très-contente de sa petite lettre, & qu'elle le soit de ma sœur Bauregard. Il ne faut point que ma sœur de Blosset, qui aime mieux le fléau de la peste que celui de la guerre, aille nous attirer ici, à force de prieres, la petite-vérole. Instruisez-moi bien, je vous prie, de tout ce que vous apprendrez de cette maladie qui nous poursuit par-tout : nous l'avons encore ici : elle est à Marly : elle continue à Versailles; elle redouble à Paris. En vérité, je ne sais, si cela dure, où nous pourrons aller, & je tremble toujours pour Mr. le Duc de Bretagne & pour son frere. J'ai très-peu de chose à vous dire de ma santé; car je crois que Mlle. d'Aumale ne vous en parle que trop. Je passe mes journées assez doucement, quand je suis à ma maison de la ville ; & j'y vais le plus souvent que je puis. M. l'Evêque de Meaux (1) est ici pour terminer avec Mr. le Dauphin l'accommodement de M. le Cardinal de Noailles avec les Evêques de Luçon, de la Rochelle, & de Gap. Je recommande cette affaire à vos prieres : elle pourroit intéresser l'Eglise. Je vous

─────────────────────────

(1) Depuis Cardinal de Bissy.

embrasse, ma chere fille, avec une grande tendresse, malgré tous vos défauts. Que ferai-je à mon retour, si vous êtes telle qu'on vous dépeint ? Ne jugez pas de mon loisir par la longueur de ma lettre, mais bien de mon amitié pour vous.

LETTRE L.

A Madame de Glapion.

A Fontainebleau, ce 31 Juillet 1712.

MEs journées, ma chere fille, sont plus diversifiées, mais plus pénibles que les vôtres. Elles se passent entre le Château & la Ville. Au Château, je reçois la compagnie, & quelle compagnie ! je suis obsédée ou de femmes que je méprise, ou d'hommes qui ne m'aiment point : je vois, j'entends des choses qui me déplaisent ou qui m'indignent : je m'observe sans cesse pour retenir mon impatience & pour empêcher qu'on ne s'apperçoive que je la retiens. A la ville, j'écris, je lis, je travaille, je prie : j'y suis dans une paix, dans une douceur bien approchante de la joie. Le soir, en repassant ma journée, je trouve beaucoup de fautes, quelques péchés, le mal assez bien évité, mais peu de bien de fait.

Pour vous, ma chere fille, vous ne pouvez ouvrir la bouche, vous ne pouvez faire un pas, que ce ne soit une bonne œuvre. Il y paroît, au compte que vous me rendez de la maison, dont vous êtes chargée présentement. C'est cet honneur qui vous rend sérieuse : quand vous serez descendue de ce degré éminent, nous recevrons sans doute des lettres plus enjouées. Marchienne tient plus long-temps qu'on ne l'avoit cru ; on en sera pourtant bientôt le maître ; Mrs. de Villars & de Montesquiou nous le promettent, & en même-temps une quantité de provisions de bouche, capable d'assouvir les desirs de Me. du Pérou. Cependant on dit que le Prince Eugene ne démordra pas de son entreprise. Il est piqué au vif de l'habileté du Maréchal de Villars, qui lui a dérobé une marche. Il faudra voir si les Hollandois, autrefois si sages, renonceront à leurs principes par égard pour sa passion. Adieu, ma chere fille : conservez-vous, & ne régnez sur les cœurs, que pour faire régner notre seul maître. Il seroit bien honteux à notre Supérieure de ne pas faire lever le siege de Landrecy, à force de prieres : c'est aux grandes ames à faire les grandes choses.

LETTRE LI.

A la même.

A Fontainebleau, ce 14 Septembre 1714.

SI une personne, née douce & polie, consommée depuis long-temps dans l'exercice de toutes les vertus, cede encore à son impatience, jugez, ma très-chere fille, où j'en suis, moi, née vive & orgueilleuse, accablée de grandes & de petites contradictions, assujettie à un genre de vie qui me déplait, condamnée à ne pouvoir suivre une seule pratique de piété, souffrant presque toujours dans mon corps & dans mon esprit. Ma sœur de Linemare (1) m'a écrit une lettre toute douce, toute raisonnable, une lettre comme elle. Je trouve Me. de la Mairie (2)

---

(1) De Roquigny de Bulohde de Linemare, née en 1686, depuis Supérieure de la Maison de St. Louis.

(2) Prieure de Moret ou de Bisi, Couvents où Me. de Maintenon envoyoit en Mission des Demoiselles de St. Cyr, pour y établir les principes d'une bonne éducation.

au comble du bonheur d'avoir Mornay (1) & votre niece. Je les admire; mais si vous voulez que je continue, ne leur en dites rien. Nous attendons avec l'impatience la plus inquiete des nouvelles de Barcelone. J'y ai le Chevalier de Caylus, petit déterminé, très-propre à se faire tuer; & j'en serois bien affligée, & cette pauvre mere seroit inconsolable. Adieu, ma chere fille, je vais me confesser : ce qui n'excite pas l'esprit aux gentillesses.

LETTRE LII.

A la même.

A Fontainebleau, ce 26 Septembre.

JE suis la très-humble servante de St. François de Sales; mais je ne conviendrai point, qu'il soit plus difficile de se supporter soi-même, que de supporter les autres. Nous avons en nous un grand défenseur de nous-mêmes, notre cœur; & personne ne nous parle pour ce pauvre prochain, si souvent insupportable.

───────────────────

(1) Fille du Comte de Mornay, tué à Manheim, née en 1700, actuellement Supérieure de St. Cyr.

Ce bon Saint n'avoit été ni enfermé dans une Communauté, ni tiraillé par des Courtisans, ni le témoin, le martyr, ou la victime des iniquités du siecle. Je regarde donc, ma chere fille, comme le dernier effort de courage, la résolution que vous avez prise dans votre retraite : mais vous ne la soutiendrez pas : je suis sûre que vous avez déja bronché plus d'une fois. Pour vos amies de la Cour, elles sont toujours par terre. Vous n'avez à combattre que des entêtements, des travers, des imbécilités : que vous êtes heureuse! Si vous voyiez ce que nous voyons, vous mourriez de plaisir d'être ce que vous êtes, ou de douleur de savoir ce que nous sommes. Nous voyons des assassinats de sang-froid, des envies sans sujet, des rages, des trahisons sans ressentiment, des avarices insatiables, des désespoirs au milieu du bonheur, des bassesses qu'on couvre du nom de grandeur d'ame. Je me tais : je n'y puis penser sans emportement. Non, ma chere fille, Dieu ne condamne point l'amitié que vous avez pour moi, pourvu que vous comptiez que les louanges, que je vous donne, ne font qu'une pure malice. On ne peut être plus affectionné que l'est M. Besse (1). Me. de Caylus a été assez mal : mais la santé du Roi ne se dément point. Son zele pour la Religion augmente tous les jours, quelque opposition qu'il y trouve. Plus d'espérance d'accommodement : l'affaire de M. le C. de Noailles n'en souffre point : on ira à Rome pour concerter avec le Pape les moyens de réduire ce Prélat à la soumission : voilà encore un ami qu'il faudra sacrifier. Priez, mais avec tranquillité & sans crainte : Dieu ne m'abandonnera ni moi ni son Eglise : ceux qui esperent en lui ne sont point confondus. Ma santé est très-vacillante : mais ma foi ne l'est pas ; & je suis toujours très-ferme Papiste.

LETTRE LIII.

A la même.

Vous devez avoir une grande application à votre temporel, pour éviter tout désordre dans la dépense. Le mérite de votre épargne est bien différent

---

(1) Médecin de St. Cyr, & depuis de la Reine d'Espagne.

de celui des autres maisons religieuses; qui ménagent pour se soutenir ou pour s'agrandir, au-lieu que les Dames de St. Louis n'ont rien à craindre ni à desirer; Le Roi leur a donné de grands biens: & s'il reste quelque chose à faire à la fondation, il le fera; & s'il ne le fait pas, sûrement ses successeurs le feront : il vous a garanties, par sa sage prévoyance, de tout prétexte d'intérêt ou d'avarice : vous ne pouvez ni bâtir ni acquérir. Ainsi votre économie vous met en état de faire l'aumône : & c'est-là le motif que vous devez avoir dans l'administration de votre temporel. Vous devez tout votre superflu aux pauvres : marier des filles ou les placer dans des Couvents, ce sont les aumônes dont votre fondateur vous a chargées. Renoncez donc à tout esprit d'intérêt : c'est par cet esprit que le Diable damne les Saints. Le temporel est nécessaire pour soutenir votre maison : mais il seroit encore plus fâcheux que le spirituel tombât : il y auroit moins de ressources; car il sera plus facile de remédier aux désordres d'un économe, qu'à la négligence d'une maîtresse des Classes. Faites bien comprendre à nos sœurs en quoi consiste la mort au monde : les Religieuses sortent quelquefois de dessous le drap mortuaire, auſſi vivantes à elles-mêmes qu'auparavant. Je ne ſuis pas ſurpriſe qu'elles ayent encore des défauts, puiſque la perfection eſt l'ouvrage de toute la vie. Mais je voudrois qu'elles n'euſſent pas l'eſprit du monde, qu'elles n'aimaſſent point à le voir, qu'elles ne penſaſſent à leurs parents que pour prier pour eux, qu'elles ne fuſſent point tranſportées, s'ils viennent les voir en caroſſe; déſeſpérées, s'ils les viennent voir à pied; inquietes, ſi leurs affaires vont mal. La plupart des Religieuſes ne comprennent guere les maximes de l'Evangile: elles ſont auſſi vives que les mondains ſur la nobleſſe, le plaiſir, le bien, la faveur. Elles veulent une Abbeſſe de qualité, de préférence à une autre qui les meneroit à Dieu. Elles briguent l'honneur d'être ſa favorite. Toute leur conduite montre, qu'elles eſtiment plus la grandeur, la richeſſe, que la pauvreté & l'obéiſſance dont elles ont fait vœu,

LETTRE LIV.

A Me. de Bouju (1)

A Versailles, ce 20 Mars.

VOtre Supérieure a raison de m'excepter de la regle ordinaire, puisque le commerce que vous aurez avec moi ne vous dérangera jamais d'aucun de vos devoirs. Je suis ravie de la paix que vous goûtez où vous êtes : il n'y a pas lieu de douter que Dieu ne vous y ait destinée : car je ne crois pas que vous en sortiez. Je me flatte même qu'il veut se servir de vous, non-seulement comme bonne Religieuse, mais pour communiquer à Mante ce que vous avez appris à St. Cyr. Je ne me souviens plus si Me. de Merinville a vu les choses depuis la forme que nous y établîmes en 1701 ; car ce n'est que depuis ce temps-là, que j'admire l'éducation de nos filles : nous ne savions ce que nous faisions dans les com-

―――――――――

(1) Elevée à St. Cyr, aujourd'hui Religieuse aux Ursulines de Mante.

mencements : mais l'expérience nous a appris à rendre cette éducation utile & facile ; de sorte que ce sont les mal-saines qui veulent être Maîtresses des classes, soutenant qu'il y a plus de repos que dans les autres offices, & cela, par cette invention de faire la plupart des exercices par les enfants mêmes. Nous recevrons au premier jour ma sœur de Malvoue & ma sœur de Bosbiere : notre Noviciat me donne de grandes espérances, & nous en avons besoin : car les Dames sont très-mal-saines. Embrassez ma sœur de St. Paul de ma part, & dites-lui que je l'exhorte à prêcher l'Evangile que St. Paul annonçoit, & les Epîtres qu'il écrivoit pour établir la Religion. C'est là où se trouve cette piété solide que j'aime tant : il y a assez d'endroits bien clairs pour nous : les Docteurs expliqueront les obscurs. Nous parlons souvent de vous, ma chere fille, & nous vous regretterions, si nous ne voulions nous conformer à la volonté de Dieu. Je me porte fort bien, quoiqu'assez ennuyée de vivre : mais ce qui est le plus important, c'est que le Roi & M. le Dauphin sont en bonne santé, & que nous allons avoir la paix.

LETTRE LV.

A la même.

A St. Cyr, ce 13 Mai.

JE prends la plume avec plaisir, pour assurer ma vieille domestique, ou plutôt ma chere fille, de l'amitié que j'ai, & que j'aurai toujours pour elle : je suis ravie de son bonheur, & j'espere que Dieu ne l'abandonnera jamais, parce qu'elle l'aime & qu'elle se confie en lui. Si je n'étois plus occupée de vous que de moi, je serois fâchée de votre éloignement : mais j'aime mieux vous sçavoir une bonne Religieuse dans un Couvent que j'aime & estime, que de vous laisser sans être fixée. Vos prieres, ma chere enfant, me seront plus utiles que vos services : vous savez ce que je vous ai recommandé là-dessus : le Roi, le progrès de St. Cyr, mon salut, voilà ce qui me tient le plus au cœur. Je suis bien persuadée de votre bonheur : votre cœur & votre esprit sont disposés à la paix pour vous, & à la donner aux autres. Ne croyez pas trouver dans vos externes ce qu'on trouve à St.

Cyr. Auſſi ne leur faut-il pas une inſtruction ſi étendue, & je crois que vous vous en tenez à ce qui eſt néceſſaire pour le ſalut : croire en Dieu, ſe ſoumettre à l'Egliſe, abhorrer le péché, c'en eſt aſſez, ce me ſemble, pour les ſanctifier.

LETTRE LVI.

A la même.

A St. Cyr, ce 13 Juillet.

JE reçois dans ce moment votre lettre, ma chere fille, & je me fais un extrême plaiſir d'y répondre, pour vous aſſurer que je penſe ſouvent à vous, & que je vous regrette. Je ne trouve autour de moi perſonne qui m'ait autant marqué d'amitié que vous. Dieu vous vouloit où vous êtes : rien n'eſt plus marqué : car par toutes ſortes de raiſons, vous deviez demeurer ici : ſes vues ſont différentes des nôtres, & vous avez raiſon d'en être contente. Je m'informe ſouvent des penſions pour vos intérêts : on m'aſſure qu'elles ſeront payées, mais on ne commence point. Votre Evêque fait des merveilles à Paris, & s'y eſt établi une réputation d'un très-saint, très-savant & très-ferme Prélat. Nous devons nous en réjouir ensemble : les vertus Episcopales commencent à devenir assez rares. Adieu, ma chere Bouju, je vous aimerai toute ma vie. Je ne suis pas de trop bonne humeur sur le retardement de la paix, qu'on croit pourtant immanquable. Je vois d'ici toute votre sensibilité : Dieu vous a bien conduite : laissez-vous conduire à l'avenir : soyez toujours une vraie enfant dans les mains de vos Supérieurs : employez vos talents quand on le voudra : serrez-les, quand on le jugera à propos, puisque votre vrai mérite est l'obéissance ; donnez toutes vos forces : ne craignez point pour votre santé : que vos jours soient pleins de bonnes œuvres, ils seront assez longs. Priez pour moi, priez pour le Roi, aimez-moi toujours, puisque je vous aime tendrement. Adieu, encore une fois, ma chere Bouju.

LETTRE LVII.

Ce 2 Novembre.

JE ne suis point contente de la lettre que j'ai reçue de vous ; elle est pleine de compliments que je n'aime point, &

vous m'assurez de votre amitié dont je ne puis douter, ayant eu le temps d'étudier votre cœur ; je veux savoir vos plaisirs, vos peines, vos emplois, l'état de votre santé, les charges où sont nos filles, enfin tout ce qui vous plait ou vous déplait : car je suppose que vous m'écrivez en sûreté, & qu'on ne voit pas nos lettres. Nous parlons souvent de vous ici, & mon diné & ma toilette ne se passent guere sans vous regretter : vous avez pourtant fort bien fait de nous quitter : vous auriez vu ma mort de plus près, & vous en auriez été plus affligée : vous avez choisi celui qui ne mourra point, qui ne sera jamais absent, & le seul qui mérite notre attachement ; n'en ayez que pour lui, ma chere enfant : car tous les autres nous éloignent de la paix qu'on goûte en lui quand on ne tient qu'à lui. Nous avons grande peur de perdre ma sœur de St. Perrier ; il y a bien plus à craindre qu'à espérer. Le Roi a donné une grande allarme, quoique très-mal fondée, sur sa santé : c'étoit une très-légere fluxion ; mais il est si précieux, qu'on croit toujours qu'il va nous échapper. Je vous aime tendrement. Adieu, ma chere fille : embrassez la protectrice des Demoiselles de St. Cyr & toutes vos compagnes qui y ont été: je les conjure de fe fouvenir de ce qu'on leur a prêché, & qu'elles foient la joie de leur Communauté, fouples entre les mains de leurs Supérieurs, & fidelles à tous leurs devoirs. Embraffez pour moi ma fœur de St. Paul, fi une jeune Profeffe ofe prendre cette liberté. Ne demandez que mon falut. Je ne vous oublierai jamais : j'irai devant, vous attendre dans l'éternité, où je vous verrai entrer avec une grande joie. Notre fœur de la Neuville mouroit bien faintement ; mais il paroît que Dieu veut nous la rendre, & il nous fait grand plaifir. Mes triftes jours fe paffent entre Sercienne qui s'eft chargée de ma caducité, d'Aumale qui travaille & inftruit dans mon anti-chambre, mes Séminariftes que j'ai quelquefois à dîné, & Pulcherie qui m'annonce la récréation, où je vais parler de vous.

LETTRE

LETTRE LVIII.

A Me. de Glapion.

Ce 11 Septembre 1716.

J'Ai bien dormi cette nuit, & me voilà en état de recevoir de nouvelles peines. Notre grand homme (1) fait d'étranges projets : vous savez le premier, & son peu de succès. Voici le second. Il veut renouveller mon sang, & par une longue suite d'aliments doux & légers, me faire une nouvelle créature : il ne lui sera pas du moins fort difficile de me remettre à l'état d'enfance. Ce que je vois de réel dans tout cela, c'est que nous sommes séparées, & que nous n'avons pas même la triste consolation de souffrir ensemble. On m'a voulu tromper sur votre état ; mais j'ai trop long-temps vécu pour ne pas prendre le pire pour le certain. Je vous offre donc à Dieu de bonne grace : cependant St. Cyr qui vous perdroit me tient bien au cœur (2). Si Dieu

---

(1) Besse, Médecin.
(2) Me. de Glapion en étoit alors Supérieure.

alloit accepter mon offrande ! Il me semble que je pourrois me faire porter chez vous : mais la bienséance ne le veut pas : on diroit que j'ai bien assez de force pour aller vous voir, moi qui n'en ai pas assez pour aller à la Messe. Contraignons-nous donc encore quelques jours. J'ai été si mal, depuis que vous n'êtes pas bien, qu'il me semble que ma vie dépend de la vôtre. Conservez-vous : que l'intérêt que j'y prends ajoute quelque chose à vos soins.

LETTRE LIX.

A la même.

A St. Cyr, 17 Décembre 1717.

Vous donnez bien des peines à ceux qui vous aiment ! Je vous en conjure par notre amitié, ne parlez aujourd'hui qu'à une seule personne. En mourrai-je moins ? me direz-vous. Vous mourrez plus tard, & chaque instant de votre vie m'est précieux. Je crois devoir à ma conscience, encore plus qu'à ma tendresse pour vous, de faire tous mes efforts pour vous conserver. Vous êtes très-déraisonnable sur ce sujet, & moi je suis très-vive sur tous. Comment pouvez-vous vous flatter d'observer à la fois toutes les regles d'une Religieuse, & de remplir tous les devoirs de la supériorité ? La complexion la plus saine, la plus vigoureuse n'y résisteroit pas. Vous avez peu de santé, un emploi immense, un grand desir de vous y dévouer, une facilité de faire le bien dont votre humilité ne peut disconvenir : conservez-vous donc pour ce bien que vous aimez. N'êtes-vous pas plus nécessaire à notre Institut, qu'à l'Office du matin ? Croyez-vous que feu M. de Chartres, & notre saint Archevêque de Rouen n'ayent pas souffert de faire gras, les jours maigres, à la vue de tout leur Diocese ? ils ont cru qu'il valoit mieux soigner & prêcher leurs brebis, que de faire dans leur chambre des abstinences qui les tuoient. On ne peut tout faire : vous ne le ferez jamais huit jours impunément. Les soins que vous prendrez de vous seront de bonnes œuvres, & l'affermissement de notre Institut. Je ne puis concilier votre zele pour une maison à laquelle votre vie est si utile avec votre mépris pour la vie, ni l'amitié que vous avez pour moi avec les allarmes que vous me donnez.

LETTRE LX.

A la même.

A St. Cyr, ce 21 Novembre 1718.

Votre excessive discrétion me met dans une crainte, qui m'empêche depuis quinze jours de vous envoyer ces cent francs pour Mlle. de Boissy. Je ne puis oublier ses sentiments pour son pere. Donnez-lui donc, ma chere fille, la joie d'obliger ce qu'elle aime. Et puisque vous desirez tant que j'aye quelque plaisir, partagez celui que j'ai d'en faire à cette fille. Je vous suis très-obligée de vous mieux porter aujourd'hui. Point de recueillement, qui vaille tout ce que vous faites : vous veillez sur toute cette maison : vous y maintenez la régularité : vous formez la Maîtresse des Classes. Cependant je vous permets une retraite, avec la condition que vous y mettez de me voir tous les jours. M. l'Evêque de Chartres part à cinq heures. Je vous prie de remettre à son Aumônier 500 liv.; c'est l'année d'avance de la pension de deux de ses Séminaristes dont il pourra bien demeurer chargé. Paperaffez à votre aife, vous me rendrez ces papiers à votre grand loifir : il y en a auxquels vous ne toucherez qu'avec votre délicate prudence (1).

LETTRE LXI.

A la même.

J'Ai beau dire que j'ai beaucoup d'appétit & point de mal.

> *Fagon en des maux plus preſſants*
> *M'abandonnoit à ma ſageſſe :*
> *Et pour un rien, Saint Cyr, de concert avec Beſſe,*
> *Me refuſe des aliments.*
> *Et voilà ce que c'eſt, d'avoir quatre-vingts ans !*

Ordonnez donc, ma chere fille, qu'on m'envoye ce que je demande. Voulez-vous que la poſtérité diſe :

> *Cette femme qui, dans ſon temps,*
> *Fit un ſi brillant perſonnage,*
> *Eut à St. Cyr beaucoup d'enfants,*
> *Et mourut faute d'un potage ?*

___

(1) Cette confiance de Me. de M. a ſauvé bien des papiers.

RÉPONSE.

Que Besse en veuille à Glapion,
Malgré la Faculté, vous serez obéie :
Vous ! mourir d'inanition !
Eh ! de tous vos enfants la grande passion
Seroit de vous donner leur vie.

LETTRE LXII.

A la même.

SElon le Docteur, je suis fort bien ; & selon moi, je suis fort mal. Mon abattement ne me permet pas de sortir de mon lit : j'ai mangé un potage par raison, & j'y ai trouvé la fadeur qu'y trouvoit Me. d'Heudicourt. Ne vous verrai-je point ? Le Prince d'Harcourt a été trouvé mort dans son lit. On me mande que l'innocence du Duc du Maine s'accrédite tous les jours, & que tout tombera sur Malézieux. Mais on se flatte, qu'après avoir prouvé que les soupçons étoient bien fondés, on donnera la grace. J'approuve tout. Je ne sais ce que j'ai : je suis sans fievre : je tousse moins,

AUX DAMES DE ST. LOUIS.

je dors très-bien : mais ma foiblesse est extrême. Amenez ma sœur du Pérou : si l'on veut s'aider encore de moi, il n'y a pas de temps à perdre.

LETTRES
DE DIRECTION
A
Me. DE MAINTENON.

LETTRE PREMIERE. (1)

De Mr. de Fénelon.

JE ne puis, Madame, vous parler sur vos défauts que douteusement & presque au hasard: vous n'avez jamais agi de suite avec moi, & je compte pour peu ce que les autres m'ont dit de vous: mais n'importe, je vous dirai ce que je pense,

---

(1) Ces avis sont tirés d'une copie écrite de la main de Me. de Maintenon, & intitulée: *Sur mes défauts*. M. le Maréchal de Villeroi lès ayant lus, écrivit à Madame de G..... *Je vous renvoye le petit Livre que vous m'avez confié: avouez qu'il y a un petit mouvement de vanité à faire parler de ses défauts.*

& Dieu vous en fera faire l'ufage qu'il lui plaira.

Vous êtes ingénue & naturelle : de-là vient que vous faites très-bien, fans avoir befoin d'y penfer, à l'égard de ceux pour qui vous avez du goût & de l'eftime ; mais trop froidement, dès que ce goût vous manque. Quand vous êtes feche, votre fécherefle va affez loin. Je m'imagine qu'il y a dans votre fonds de la promptitude & de la lenteur. Ce qui vous blefle vous blefle vivement.

Vous êtes née avec beaucoup de gloire ; c'eft-à-dire, de cette gloire qu'on nomme bonne & bien entendue, mais qui eft d'autant plus mauvaife, qu'on n'a point de honte de la trouver bonne : on fe corrigeroit plus aifément d'une vanité fotte. Il vous refte encore beaucoup de cette gloire, fans que vous l'apperceviez. La fenfibilité fur les chofes qui la pourroient piquer jufqu'au vif, marque combien il s'en faut qu'elle ne foit éteinte. Vous tenez encore à l'eftime des honnêtes gens, à l'approbation des gens de bien, au plaifir de foutenir votre profpérité avec modération ; enfin, à celui de paroître par votre cœur au-deffus de votre place.

Le *Moi*, dont je vous ai parlé fi fouvent, est encore une idole que vous n'avez pas brisée. Vous voulez aller à Dieu de tout votre cœur, mais non par la perte du *Moi*; au contraire vous cherchez le *Moi* en Dieu : le goût sensible de la priere & de la présence de Dieu vous soutient; mais si ce goût venoit à vous manquer, l'attachement que vous avez à vous-même & au témoignage de votre propre vertu, vous jetteroit dans une dangereuse épreuve. J'espere que Dieu fera couler le lait le plus doux, jusqu'à ce qu'il veuille vous sevrer, & vous nourrir du pain des forts.

Mais comptez bien certainement que le moindre attachement aux meilleures choses, par rapport à vous, vous retardera plus que toutes les imperfections que vous pouvez craindre. J'espere que Dieu vous donnera la lumiere pour entendre ceci mieux que je ne l'ai expliqué.

Vous êtes naturellement bonne & disposée à la confiance, peut-être même un peu trop pour des gens de bien, dont vous n'avez pas éprouvé assez à fond la prudence.

Mais quand vous commencez à vous défier, je m'imagine que votre cœur se serre trop : les personnes ingénues & confiantes sont d'ordinaire ainsi, lorsqu'elles font contraintes de se défier. Il y a un milieu entre l'excessive confiance qui se livre, & la défiance qui ne sait plus à quoi s'en tenir, lorsqu'elle sent que ce qu'elle croyoit tenir, lui échappe. Votre bon esprit vous fera assez voir, que si les honnêtes gens ont des défauts auxquels il ne faut pas se laisser aller aveuglément, ils ont aussi un certain procédé droit & simple, auquel on reconnoît sûrement ce qu'ils sont.

Le caractere de l'honnête homme n'est point douteux & équivoque à qui le sait bien observer dans toutes ses circonstances. L'hypocrisie la plus profonde & la mieux déguisée n'atteint jamais jusqu'à la ressemblance de cette vertu ingénue : mais il faut se souvenir que la vertu la plus ingénue a de petits retours sur soi-même, & certaines recherches de son propre intérêt qu'elle n'apperçoit pas.

Il faut donc éviter également, & de soupçonner les gens de bien éprouvés jusqu'à un certain point, & de se livrer à toute leur conduite.

Je vous dis tout ceci, Madame, parce qu'en la place où vous êtes, on découvre tant de choses indignes, & on entend si souvent d'imaginées par la calomnie, qu'on ne sait plus que croire. Plus on on a d'inclination à aimer la vertu & à s'y confier, plus on est embarrassé & troublé en ces occasions. Il n'y a que le goût de la vérité & un certain discernement de la sincere vertu, qui puisse empêcher de tomber dans l'inconvénient d'une défiance universelle, qui seroit un très grand mal.

J'ai dit, Madame, qu'il ne faut se livrer à personne: je crois pourtant qu'il faut par principe de Christianisme & par sacrifice de sa raison, se soumettre aux conseils d'une seule personne qu'on a choisie pour la conduite spirituelle: si j'ajoute une seule personne, c'est qu'il me semble qu'on ne doit pas multiplier les Directeurs, ni en changer sans de grandes raisons; car ces changements ou mélanges produisent une incertitude, & souvent une contrariété dangereuse. Tout au moins, on est retardé, au-lieu d'avancer par tous ces différents secours. Il arrive même d'ordinaire, que quand on a tant de différents conseils, on ne suit que le sien propre, par la nécessité où l'on se trouve de choisir entre tous ceux que l'on a reçus d'autrui.

Je conviens néanmoins qu'outre les conseils d'un brave Directeur, on peut en diverses occasions prendre des avis pour les affaires temporelles, qu'un autre peut voir de plus près que le Directeur. Mais je reviens à dire, qu'excepté la conduite spirituelle pour laquelle on se soumet à un bon Directeur, pour tout le reste qui est extérieur, on ne se doit livrer à personne.

On croit dans le monde que vous aimez le bien sincérement : beaucoup de gens ont cru long-temps qu'une bonne gloire vous faisoit prendre ce parti; mais il me semble que tout le public est désabusé, & qu'on rend justice à la pureté de vos motifs. On dit pourtant encore, &, selon toute apparence, avec vérité, que vous êtes seche & sévere; qu'il n'est pas permis d'avoir des défauts avec vous, & qu'étant dure à vous-même, vous l'êtes aussi aux autres : que quand vous commencez à trouver quelque foible dans les gens que vous avez espéré de trouver parfaits, vous vous en dégoûtez trop vite, & que vous poussez trop loin le dégoût.

S'il est vrai que vous soyez telle qu'on vous dépeint, ce défaut ne vous sera ôté que par une longue & profonde étude de vous-même.

Plus vous mourrez à vous-même par l'abandon total à l'esprit de Dieu, plus votre cœur s'élargira pour supporter les défauts d'autrui, & pour y compatir sans bornes. Vous ne verrez par-tout que misère : vos yeux seront plus perçants, & en découvriront encore plus que vous n'en voyez aujourd'hui : mais rien ne pourra ni vous scandaliser, ni vous surprendre, ni vous resserrer. Vous verrez la corruption dans l'homme comme l'eau dans la Mer.

Le monde est relâché, & néanmoins d'une sévérité impitoyable. Vous ne ressemblerez point au monde : vous serez fidelle & exacte, mais compatissante & douce comme Jesus-Christ l'a été pour les pécheurs, pendant qu'il confondoit les Pharisiens, dont les vertus extérieures étoient si éclatantes.

On dit que vous vous mêlez trop peu des affaires. Ceux qui vous parlent ainsi sont inspiré par l'inquiétude, par l'envie de se mêler du Gouvernement, & par le dépit contre ceux qui distribuent les graces, ou par l'espoir d'en obtenir par vous. Pour vous, Madame, il ne vous convient point de faire des efforts pour redresser ce qui n'est pas dans vos mains.

Le zele du salut du Roi ne doit point vous faire aller au-delà des bornes que la Providence semble vous avoir marquées.

Il y a mille choses déplorables : mais il faut attendre les moments que Dieu seul connoît, & qu'il tient dans sa puissance.

Ce n'est pas la fausseté que vous aurez à craindre, tant que vous la craindrez. Les gens faux ne croyent pas l'être : les vrais tremblent toujours de ne l'être pas. Votre piété est droite : vous n'avez jamais eu les vices du monde, & depuis long-temps vous en avez abjuré les erreurs.

Le vrai moyen d'attirer la grace sur le Roi & sur l'Etat, n'est pas de crier, ou bien de fatiguer le Roi : c'est de l'édifier, de mourir sans cesse à vous-même : c'est d'ouvrir peu-à-peu le cœur de ce Prince par une conduite ingénue, cordiale, patiente, libre néanmoins & enfantine dans cette patience.

Mais parler avec chaleur & avec âpreté, revenir souvent à la charge, dresser des batteries sourdement, faire des plans de sagesse humaine, pour réformer ce qui a besoin de réforme, c'est vouloir faire le bien par une mauvaise voie : votre solidité rejette de tels moyens, & vous n'avez qu'à la suivre simplement.

Ce qui me paroît véritable touchant les affaires, c'est que votre esprit en est plus capable que vous ne penfez : vous vous défiez peut-être un peu trop de vous-même, ou bien vous craignez trop d'entrer dans des difcuffions contraires au goût que vous avez pour une vie tranquille & recueillie. D'ailleurs, je m'imagine que vous craignez le caractere des gens que vous trouvez fur vos pas quand vous entrez dans quelque affaire. Mais enfin, il me paroît que votre efprit naturel & acquis a bien plus d'étendue que vous ne lui en donnez.

Je perfifte à croire que vous ne devez jamais vous ingérer dans les affaires d'Etat : mais vous devez vous en inftruire, felon l'étendue de vos vues naturelles : & quand les ouvertures de la Providence vous offriront de quoi faire le bien, fans pouffer trop loin le Roi au-delà de fes bornes, il ne faut jamais reculer.

Je vous ai détaillé ce que le monde dit : voici, Madame, ce que j'ai à dire.

Il me paroît que vous avez encore un goût trop naturel pour l'amitié, pour la bonté du cœur, & pour tout ce qui lie la bonne fociété. C'eft fans doute ce qu'il y a de meilleur, felon la raifon & la vertu humaine : mais c'eft pour cela même qu'il y faut renoncer.

Ceux qui ont le cœur dur & même

froid, ont sans doute un très-grand défaut naturel ; c'est même une grande imperfection qui reste dans leur piété : car si leur piété étoit plus avancée, elle leur donneroit ce qui leur manque de ce côté-là. Mais il faut compter que la véritable bonté de cœur consiste dans la fidélité à Dieu & dans le pur amour. Toutes les générosités, toutes les tendresses naturelles ne sont qu'un amour-propre plus raffiné, plus séduisant, plus flatteur, plus aimable, & par conséquent plus diabolique.

Je vous dis tout ceci sans nul intérêt personnel ; car je suis assez sec dans ma conduite, & froid dans les commencements, mais assez chaud & tendre dans le fond. Rien de tout ceci ne regarde l'homme, à l'égard duquel vous avez des devoirs d'un autre ordre : l'accroissement de la grace qui a déja fait tant de prodiges en lui, achevera d'en faire un autre homme. Mais je vous parle pour le seul intérêt de Dieu en vous : il faut mourir sans réserve à toute amitié.

Si vous ne teniez plus à vous, vous ne seriez non plus dans le desir de voir vos amis attachés à vous, que de les voir attachés au Roi de la Chine. Vous les aimeriez du pur amour de Dieu ; c'est-à-dire, d'un amour parfait, infini, généreux, agissant, compatissant, consolant, égal, bienfaisant, & tendre comme Dieu même. Le cœur de Dieu seroit versé dans le vôtre : & votre amitié ne pourroit non plus avoir de défaut, que celui qui aimeroit en vous : vous ne voudriez rien des autres, que ce que Dieu en voudroit, & uniquement pour lui. Vous seriez jalouse pour lui contre vous-même : & si vous exigiez des autres une conduite plus cordiale, ce ne seroit que pour leur perfection & pour l'accomplissement des desseins de Dieu sur eux.

Ce qui vous blesse donc dans les cœurs resserrés, ne vous blesse qu'à cause que le vôtre est encore trop resserré au-dedans de lui-même. Il n'y a que l'amour-propre qui blesse l'amour-propre. L'amour de Dieu supporte avec condescendance l'infirmité de l'amour-propre, & attend en paix que Dieu le détruise. En un mot, Madame, le défaut de vouloir de l'amitié n'est pas moindre devant Dieu, que celui de manquer d'amitié. Le vrai amour de Dieu aime généreusement le prochain, sans espérance d'aucun retour.

Au reste, il faut tellement sacrifier à Dieu le *Moi*, dont nous avons tant parlé, qu'on ne le recherche plus, ni pour la réputation, ni pour la consolation du témoignage qu'on se rend à soi-même sur ses bonnes qualités ou sur ses bons sentiments. Il faut mourir à tout sans réserve, & ne posséder pas même sa vertu par rapport à soi. Ce n'est point une obligation précise pour tous les Chrétiens; mais je crois que c'est la perfection d'une ame qu'il a autant prévenue que la vôtre par ses miséricordes.

Il faut être prêt à se voir méprisé, haï, décrié, condamné par autrui, & à ne trouver en soi que trouble & condamnation, pour se sacrifier sans nul adoucissement au souverain domaine de Dieu, qui fait de sa créature selon son bon plaisir. Cette parole est dure à quiconque veut vivre en soi, & jouir pour soi-même de sa vertu : mais qu'elle est douce & consolante pour une ame qui aime autant Dieu, qu'elle renonce à s'aimer elle-même !

Vous verrez un jour combien les gens qui sont dans cette disposition sont grands dans l'amitié. Leur cœur est immense, parce qu'il tient de l'immensité de Dieu qui les possède. Ceux qui entrent dans ces vues de pur amour, malgré leur naturel sec & serré, vont toujours s'élargissant peu à peu. Enfin, Dieu leur donne un cœur semblable au sien, & des entrailles de mere pour tout ce qu'il unit à eux.

Ainsi la vraie & pure piété, loin de donner de la dureté & de l'indifférence, tire de l'indifférence, de la sécheresse, de la dureté de l'amour-propre qui se rétrécit en lui-même, pour rapporter tout à lui.

Pour vos devoirs, je n'hésite pas un moment à croire que vous devez les renfermer dans des bornes bien plus étroites que la plupart des gens trop zélés ne le voudroient.

Chacun, plein de son intérêt, veut vous y entraîner, & vous trouve insensible à la gloire de Dieu, si vous n'êtes autant échauffée que lui. Chacun veut même que votre avis soit conforme au sien, & sa raison à la vôtre.

Vous pourrez peut-être dans la suite, si Dieu vous en donne les facultés, faire des biens plus étendus. Maintenant vous avez la Communauté de Saint-Cyr, qui demande beaucoup de soins : encore même voudrois-je que vous fussiez bien soulagée & déchargée de ce côté-là. Il vous faut des temps de recueillement & de repos tant de corps que d'esprit. Vous devez suivre le courant des affaires générales, pour tempérer ce qui est excessif, & redresser ce qui en a besoin. Vous devez, sans vous rebuter jamais, profiter de tout ce que Dieu vous met au cœur, & de toutes les ouvertures qu'il vous donne dans celui du Roi, pour lui ouvrir les yeux & pour l'éclairer ; mais sans empressement, comme je vous l'ai souvent représenté.

Au reste, comme le Roi se conduit bien moins par des maximes suivies, que par l'impression des gens qui l'environnent, & auxquels il confie son autorité, le capital est de ne perdre aucune occasion pour l'obséder par des gens sûrs, qui agissent de concert avec vous pour lui faire accomplir, dans leur vraie étendue, ses devoirs dont il n'a aucune idée.

S'il est prévenu en faveur de ceux qui font tant de violences, tant d'injustices, tant de fautes grossieres, il le seroit bientôt encore plus en faveur de ceux qui suivroient les regles, & qui l'animeroient au bien. C'est ce qui me persuade que quand vous pourrez augmenter le crédit de Mrs. de Chevreuse & de Beauvilliers, vous serez un grand coup. C'est à vous à vous mesurer pour les temps : mais si la simplicité & la liberté ne peuvent point emporter ceci, j'aimerois mieux attendre jusqu'à ce que Dieu eût préparé le cœur du Roi. Enfin, le grand point est de l'assiéger, puisqu'il veut l'être, de le gouverner, puisqu'il veut être gouverné : son salut consiste à être assiégé par des gens droits & sans intérêts.

Votre application à le toucher, à l'instruire, à lui ouvrir le cœur, à le garantir de certains pieges, à le soutenir quand il est ébranlé, à lui donner des vues de paix, & sur-tout de soulagement des peuples, de modération, d'équité, de défiance à l'égard des conseils durs & violents, d'horreur pour les actes d'autorité arbitraire, enfin d'amour pour l'Eglise, & d'application à lui chercher de saints Pasteurs ; tout cela, dis-je, vous donnera bien de l'occupation : car, quoique vous ne puissiez point parler de ces matieres à toute heure, vous aurez besoin de perdre bien du temps pour choisir les moments propres à insinuer ces vérités. Voilà l'occupation que je mets au-dessus de toutes les autres.

Après les heures de piété, vous devez aussi, ce me semble, travailler & donner le temps nécessaire pour connoître par des gens sûrs les excellents sujets en chaque profession, & les principaux désordres qu'on peut réprimer. Il ne faut point avoir de rapporteurs, qui s'empressent à vous empoisonner du récit de toutes les petites fautes des particuliers : mais il faut avoir des gens de bien, qui, malgré eux, soient chargés en conscience de vous avertir des choses qui le mériteront : ceux-là ne vous diront que le nécessaire, & laisseront le superflu aux tracassiers.

Vous devez aussi veiller pour soutenir dans leur emploi les gens de bien qui sont en fonction ; empêcher les rapports calomnieux & les soupçons injustes, diminuer le faste de la Cour quand vous le pourrez, faire entrer peu à peu Monseigneur dans toutes les affaires, empêcher que le venin de l'impiété ne se glisse autour de lui ; en un mot, être la sentinelle de Dieu au milieu d'Israël, pour protéger tout le bien & pour réprimer tout le mal, mais suivant les bornes de votre autorité.

Pour Saint-Cyr, je croirois qu'une inspection générale & une attention suivie pour redresser dans ce général tout ce qui en aura besoin, suffit à une personne accablée de tant d'affaires, appellée à de plus grands biens, capable d'objets plus étendus.

Il faut encore ajouter que vous ne pouvez éviter d'écouter ceux qui voudront se plaindre ou vous avertir : tout cela va assez loin : ainsi je m'y bornerai.

Les bonnes œuvres que vous voulez tourner du côté de l'*homme*, me paroissent fort à propos : elles seront sans contradictions & sans embarras. Pour celles de Paris, je crois que vous y trouveriez des traverses continuelles qui vous commettroient trop.

Vous avez, à la Cour, des personnes, qui paroissent bien intentionnées : elles méritent que vous les traitiez bien, & que vous les encouragiez : mais il y faut beaucoup de précaution : car mille gens se feroient dévots pour vous plaire. Ils paroîtroient touchés aux personnes qui vous approchent, & iroient par-là à leur but : ce seroit nourrir l'hypocrisie, & vous exposer à passer pour trop crédule. Ainsi il faut connoître à fond la droiture & le désintéressement des gens, qui paroissent se tourner à Dieu, avant que de leur montrer qu'on fait attention à ces commencements de vertu.

Si ce sont des femmes qui ayent besoin d'être soutenues, faites les aider par des personnes de confiance, sans que vous paroissiez vous-même.

Je crois que vous devez admettre peu de gens dans vos conversations pieuses, où vous cherchez à être en liberté. Ce qui vous est bon n'est pas toujours proportionné au besoin des autres. Jesus-Christ disoit : *J'ai d'autres choses à vous enseigner : mais vous ne pouvez pas encore les porter.* Les Peres de l'Eglise ne découvroient les mysteres du Christianisme à ceux qui vouloient se faire Chrétiens, qu'à mesure qu'ils les trouvoient disposés à les croire.

En attendant que vous puissiez faire du bien par le choix des Pasteurs, tâchez de diminuer le mal.

Pour votre famille, rendez-lui les soins qui dépendent de vous, selon les regles de modération que vous avez dans le cœur : mais évitez également deux choses : l'une, de refuser de parler pour vos parents, quand il est raisonnable de le faire ; l'autre, de vous fâcher, quand votre recommandation ne réussit pas.

Il faut faire simplement ce que vous devez, & prendre en paix & en humilité les mauvais succès : l'orgueil aimeroit mieux se dépiter, ou il prendroit le parti de ne parler plus, ou bien il éclateroit pour arracher ce qu'on lui refuse.

Il me paroît que vous aimez, comme il faut, vos parents, sans ignorer leurs défauts, & sans perdre de vue leurs bonnes qualités.

Tome III. L

Enfin, Madame, soyez bien persuadée, que pour la correction de vos défauts, & pour l'accomplissement de vos devoirs, le principal est d'y travailler par le-dedans & non par le dehors.

Ce détail extérieur, quand vous vous y donneriez toute entiere, sera toujours au-dessus de vos forces. Mais si vous laissez faire à l'Esprit de Dieu ce qu'il faut, pour vous faire mourir à vous-même, & pour couper jusqu'aux dernieres racines du *moi*, les défauts tomberont peu-à-peu comme d'eux-mêmes, & Dieu élargira votre cœur, au point que vous ne serez embarrassée de l'étendue d'aucun devoir. Alors l'étendue de vos devoirs croîtra avec l'étendue de vos vertus & avec la capacité de votre fonds. Car Dieu vous donnera de nouveaux biens à faire, à proportion de la nouvelle étendue qu'il aura donnée à votre intérieur.

Tous nos défauts ne viennent que d'être encore attachés & recourbés sur nous-mêmes. C'est par le *moi*, qui veut mettre les vertus à son usage & à son point. Renoncez donc, sans hésiter jamais, à ce malheureux *moi*, dans les moindres choses où l'esprit de grace vous fera sentir que vous le recherchez encore. Voilà le vrai & total crucifiement : tout le reste ne va qu'aux sens & à la superficie de l'ame. Tous ceux qui travaillent à mourir autrement, quittent la vie par un côté, & la reprennent par plusieurs autres : ce n'est jamais fait.

Vous verrez, par expérience, que quand on prend pour mourir à soi le chemin que je vous propose, Dieu ne laisse rien à l'ame, & qu'il la poursuit sans relâche, impitoyable, jusqu'à ce qu'il lui ait ôté le dernier souffle de vie propre, pour la faire vivre en lui dans une paix & une liberté d'esprit infinie.

LETTRE II.

Du même.

Quand M. de Meaux, Madame, m'a proposé d'approuver son Livre, je lui ai témoigné avec attendrissement, que je serois ravi de donner cette marque publique de la conformité de mes sentimens avec un Prélat que j'ai regardé depuis ma jeunesse, comme mon Maître dans la science de la Religion : je lui ai même offert d'aller à Germini pour dresser de concert avec lui mon approbation.

J'ai dit en même-temps à Messieurs de

Paris & de Chartres, & à Mr. Tronſon, que je ne voyois abſolument aucune ombre de difficulté entre M. de Meaux & moi *ſur le fond de la doctrine;* mais que s'il vouloit attaquer perſonnellement dans ſon Livre Me. Guyon, je ne pourrois pas l'approuver. Voilà ce que j'ai déclaré, il y a ſix mois. M. de Meaux vient de me donner ſon Livre à examiner. A l'ouverture des cahiers, j'ai trouvé qu'ils ſont pleins d'une réfutation perſonnelle : auſſi-tôt j'ai averti Meſſieurs de Paris & de Chartres, & Mr. Tronſon, de l'embarras où Mr. l'Evêque de Meaux me mettoit.

On n'a pas manqué de me dire que je pouvois condamner les Livres de Me. Guyon, ſans diffamer ſa perſonne, & ſans me faire aucun tort. Mais je conjure ceux qui parlent ainſi, de peſer, devant Dieu, les raiſons que je vais leur repréſenter. Les erreurs qu'on impute à Me. Guyon, ne ſont point excuſables par l'ignorance de ſon ſexe. Il n'eſt point de Villageoiſe groſſiere, qui n'eût d'abord horreur de ce qu'on veut qu'elle ait enſeigné. Il ne s'agit pas de quelques conſéquences ſubtiles & éloignées qu'on pourroit, contre ſon intention, tirer de ſes principes ſpéculatifs, & de quelques-unes de ſes expreſſions : il s'agit de tout un deſſein diabolique, qui est, dit-on, l'ame de tous les Livres : c'est un système monstrueux qui est lié dans toutes ses parties, & qui se soutient avec beaucoup d'art d'un bout jusqu'à l'autre. Ce ne sont point des conséquences obscures qui puissent avoir échappé à l'attention de l'Auteur : au contraire, elles sont le formel & unique but de tout son système. Il est évident, dit-on, & il y auroit de la mauvaise foi à le nier, que Me. Guyon n'a écrit que pour détruire, comme une imperfection, toute la foi explicite des attributs des Personnes divines, des mysteres de Jesus-Christ & de son humanité. Elle veut dispenser les Chrétiens de tout culte sensible, de toute invocation distincte de notre unique Médiateur : elle prétend éteindre dans les Fideles toute vie intérieure & toute oraison réelle, en supprimant tous les actes distincts que Jesus-Christ & les Apôtres ont commandés, & en réduisant pour toujours les ames à une quiétude oisive qui exclut toute pensée de l'entendement, & tout mouvement de la volonté. Elle soutient que, quand on a fait d'abord un Acte de Foi & d'Amour, cet Acte subsiste perpétuellement pendant toute la vie, sans avoir jamais besoin d'être renouvellé : qu'on est toujours en Dieu sans penser à lui, & qu'il faut bien se garder de réitérer cet Acte. Elle ne laisse aux Chrétiens qu'une indifférence impie & brutale entre le vice & la vertu, entre la haine éternelle de Dieu & son amour éternel, pour lequel il est de foi, que chacun de nous a été créé. Elle défend, comme une infidélité, toute résistance réelle aux tentations les plus abominables. Elle veut que l'on suppose que dans un certain état de perfection où elle éleve les ames, on n'a plus de concupiscence, qu'on est impeccable, infaillible, & jouissant de la même paix que les Bienheureux : & qu'enfin tout ce qu'on fait sans réflexion, avec facilité, & par la pente de son cœur, est fait passivement, & par une pure inspiration. Cette inspiration, qu'elle attribue à elle & aux siens, n'est pas l'inspiration commune des Justes : elle est prophétique : elle renferme une autorité apostolique, au-dessus de toute Loi écrite. Elle établit une tradition secrete sur cette voie, qui renverse la tradition universelle de l'Eglise.

Voilà ce qu'on dit : je soutiens qu'il n'y a point d'ignorance assez grossiere pour pouvoir excuser une personne qui avance tant de maximes monstrueuses. Cependant on assure que Me. Guyon n'a rien écrit que pour accréditer cette damnable spiritualité, & pour la faire pratiquer, & que c'est-là l'unique but de ses Ouvrages. Otez-en cela, vous dit-on, vous ôtez tout : elle n'a pu penser autre chose. *L'abomination évidente de ses Ecrits rend donc évidemment sa personne abominable :* je ne puis donc séparer sa personne d'avec ses Ecrits.

Pour moi, j'avoue que je ne comprends rien à la conduite de Mr. de Meaux : d'un côté, il s'enflamme avec indignation, pour peu qu'on révoque en doute l'évidence de ce système impie de Me. Guyon : mais de l'autre, il la communie de sa propre main, il l'autorise dans l'usage quotidien des Sacrements, & il lui donne, quand elle part du Couvent de Meaux, une attestation complete, sans avoir exigé d'elle aucun acte où elle ait rétracté formellement aucune erreur. D'où viennent, d'un côté, tant de rigueur, & de l'autre, tant de relâchement ?

Pour moi, si je croyois ce que croit M. de Meaux, des Livres de Me. Guyon, & par une conséquence nécessaire, de sa personne même, j'aurois cru, malgré mon amitié pour elle, être obligé en conscience, à lui faire avouer & rétracter formellement, à la face de toute l'Eglise, les erreurs qu'elle auroit évidemment enseignées dans tous ses Ecrits.

Je croirois même que la Puissance séculiere devroit aller plus loin. Car qu'y a-t-il de plus digne du feu, qu'un monstre qui, sous une apparence de spiritualité, ne tend qu'à établir & le fanatisme & l'impureté, qui renverse la Loi divine, qui traite d'imperfections toutes les vertus, qui tourne en épreuves & en perfections tous les vices, qui ne laisse ni subordination ni regle dans la société des hommes, qui, par le principe du secret, autorise toute sorte d'hypocrisie & de mensonges ; enfin, qui ne laisse aucun remede assuré contre tant de maux ? Toute Religion à part, la seule police suffit pour punir du dernier supplice une personne si empestée. S'il est donc vrai que cette femme ait voulu manifestement établir ce système damnable, il falloit la brûler, au-lieu de la congédier, comme il est certain que M. l'Evêque de Meaux l'a fait, après lui avoir donné la Communion fréquemment, & une attestation authentique, sans qu'elle ait rétracté ses erreurs.

Pour moi, je ne pourrois approuver le Livre où M. de Meaux impute à cette femme un système si horrible dans toutes ses parties, sans me diffamer moi-même, & sans lui faire une injustice irréparable : en voici la raison. Je l'ai vue souvent : tout le monde le fait : je l'ai estimée ; je l'ai laissée estimer par des personnes illustres, dont la réputation est chere à l'Eglise, & qui avoient de la confiance en moi. Je n'ai pu ni dû ignorer ses Ecrits. Quoique je ne les aye pas examinés tous à fond dans le temps, du moins j'en ai su assez pour devoir me défier d'elle, & pour l'examiner en toute rigueur. Je l'ai fait avec plus d'exactitude que ses ennemis, ses Examinateurs ne le sauroient faire : car elle étoit bien plus libre, bien plus dans son naturel, bien plus ouverte avec moi, dans des temps où elle n'avoit rien à craindre. Je lui ai fait expliquer souvent ce qu'elle pensoit sur les matieres qu'on agite : je l'ai obligée à m'expliquer la valeur de chacun des termes de ce langage mystique, dont elle se servoit dans ses Ecrits. J'ai vu clairement en toute occasion, qu'elle les entendoit dans un sens très-innocent & très-Catholique. J'ai voulu même suivre en détail & sa pratique, & les conseils qu'elle donnoit aux gens les plus ignorants, & les moins précautionnés. Jamais je n'ai trouvé aucune trace de ces maximes infernales qu'on lui impute. Pourrois-je donc, en conscience, les lui imputer par mon approbation, & lui donner le dernier coup pour sa diffamation, après avoir vu de près si clairement son innocence?

Que les autres, qui ne connoissent que ses Ecrits, les prennent dans un sens si rigoureux, & les censurent: je les laisse faire. Je ne défends ni n'excuse, ni sa personne, ni ses écrits: n'est-ce pas beaucoup faire, sachant ce que je sais? Pour moi, je dois, selon la justice, juger du sens de ses Ecrits par ses sentiments que je sais à fond, & non pas de ses sentiments par le sens rigoureux qu'on donne à ses expressions, & auquel elle n'a jamais pensé. Si je faisois autrement, j'acheverois de convaincre le Public qu'elle mérite le feu. Voilà ma regle pour la justice & pour la vérité.

Venons à la bienséance: je l'ai connue; je n'ai pu ignorer ses Ecrits; j'ai dû m'assurer de ses sentiments: moi Prêtre, moi Précepteur des Princes, moi appliqué depuis ma jeunesse à une étude continuelle de la Doctrine, j'ai dû voir ce qui est évident. Il faut donc que j'aye tout au moins toléré l'évidence de ce système impie: ce qui fait horreur, & qui me couvre d'une éternelle confusion. Tout notre commerce n'a donc roulé que sur cette abominable spiritualité, dont on prétend qu'elle a rempli ses Livres, & qui est l'ame de tous ses discours. En reconnoissant toutes ces choses par mon approbation, je me rends infiniment plus coupable que Me. Guyon même : ce qui paroîtra du premier coup d'œil au Lecteur, c'est qu'on m'a réduit, forcé de souscrire à la diffamation de mon amie, dont je n'ai pu ignorer le système monstrueux qui est évident dans ses Ouvrages, & évident de mon propre aveu. Voilà ma sentence prononcée, & signée par moi-même à la tête du Livre de M. de Meaux, où ce système est étalé dans toutes ses horreurs. Je soutiens que ce coup de plume, donné contre ma conscience par une lâche politique, me rendroit à jamais infame, & indigne de mon Ministere & de ma place.

Voilà néanmoins ce que les personnes les plus sages & les plus affectionnées pour moi ont souhaité & ont préparé de loin. C'est donc pour assurer ma réputation, qu'on veut que je signe que mon amie mérite évidemment d'être brûlée avec ses Ecrits pour une spiritualité exécrable qui fait l'unique lien de notre amitié ! Mais encore, comment est-ce que je m'expliquerai là-dessus ? Sera-ce librement, selon mes pensées, & dans un Livre où je pour-

L vj

rai parler avec une pleine étendue? Non: j'aurai l'air d'un homme muet & confondu : on tiendra ma plume : on me fera expliquer dans l'Ouvrage d'autrui par une simple approbation : j'avouerai que mon amie est évidemment un monstre sur la terre, & que le venin de ses Ecrits ne peut être sorti que de son cœur. Voilà ce que mes meilleurs amis ont pensé pour mon honneur. Hé! si mes plus cruels ennemis vouloient me dresser un piege pour me perdre, n'est-ce pas-là précisément ce qu'ils me devroient demander? On ne manquera pas de dire que je dois aimer l'Eglise plus que mon amie, & plus que moi-même : comme s'il s'agissoit de l'Eglise dans une affaire où la Doctrine est en sûreté, & où il ne s'agit plus que d'une femme que je veux bien laisser diffamer sans ressource, pourvu que je n'y prenne aucune part contre ma conscience. Oui, Madame, je brûlerois mon amie de mes propres mains, & je me brûlerois moi-même avec joie, plutôt que de laisser l'Eglise en péril. C'est une pauvre femme captive, accablée de douleurs & d'opprobres : personne ne la défend ni ne l'excuse, & l'on a toujours peur.

Après tout, lequel est le plus à propos, ou que je réveille dans le monde le souvenir de ma liaison passée avec elle, & que je me reconnoisse, ou le plus insensé de tous les hommes, pour n'avoir pas vu des infamies évidentes, ou exécrable pour les avoir au moins tolérées : ou bien que je garde jusqu'au bout un profond silence sur les Ecrits & sur la personne de Me. Guyon, comme un homme qui l'excuse intérieurement sur ce qu'elle n'a pas peut-être assez connu la valeur théologique de ses expressions, ni la rigueur avec laquelle on examineroit le langage des Mystiques dans la suite des temps, sur l'expérience de l'abus que quelques hypocrites en ont fait? En vérité, lequel est le plus sage de ces deux partis?

On ne cesse de dire tous les jours que les Mystiques, même les plus approuvés, ont beaucoup exagéré. On soutient même que Saint Clément; & plusieurs autres des principaux Peres, ont parlé en des termes qui demandent beaucoup de correctifs.

Pourquoi veut-on qu'une femme soit la seule qui n'ait pu exagérer? Pourquoi faut-il que tout ce qu'elle a dit, tende à former un système qui fait frémir? Si elle a pu exagérer innocemment, si j'ai connu à fond l'innocence de ses exagérations, si je sais ce qu'elle a voulu dire, mieux que ses Livres ne l'ont expliqué; si j'en suis convaincu par des preuves aussi décisives que les termes qu'on reprend dans ses Livres sont équivoques, puis-je la diffamer contre ma conscience, & me diffamer avec elle ?

Qu'on observe de près toute ma conduite : a-t-il été question du fond de la Doctrine ? J'ai d'abord dit à M. de Meaux que je signerois de mon sang les trente-quatre propositions qui avoient été dressées, pourvu qu'il y expliquât certaines choses. M. l'Archevêque de Paris pressa très-fortement M. de Meaux sur ces choses, qui lui parurent justes & nécessaires. M. de Meaux se rendit, & je n'hésitai pas un seul moment à signer. Maintenant qu'il s'agit de flétrir par contre-coup mon Ministere avec ma personne, en flétrissant Me. Guyon avec ses Ecrits, on trouve en moi une résistance invincible. D'où vient cette différence de conduite ? Est-ce que j'ai été foible & timide, quand j'ai signé les trente-quatre propositions ? On en peut juger par ma fermeté présente. Est-ce que je refuse maintenant d'approuver le Livre de M. de Meaux par entêtement & avec un esprit de cabale? On en peut juger par ma facilité à signer les trente-quatre propositions. Si j'étois entêté, je le serois bien plus du fond de la doctrine de Me. Guyon que de sa personne. Je ne pourrois, même dans mon entêtement le plus dangereux, me soucier de sa personne, qu'autant que je la croirois nécessaire pour l'avancement de la doctrine : tout ceci est assez évident par la conduite que j'ai tenue. On l'a condamnée, renfermée, chargée d'ignominie : je n'ai jamais dit un mot pour la justifier, ni pour l'excuser, ni pour adoucir son état. Pour le fond de la doctrine, je n'ai cessé d'écrire & de citer les Auteurs approuvés de l'Eglise. Ceux qui ont vu notre discussion, doivent avouer que M. de Meaux, qui vouloit d'abord foudroyer, a été contraint d'admettre pied à pied des choses qu'il avoit cent fois rejettées comme très-mauvaises. Ce n'est donc pas de la personne de Me. Guyon dont j'ai été en peine, ni de ses Ecrits : c'est du fond de la doctrine des Saints, trop inconnue à la plupart des Docteurs Scholastiques.

Dès que la doctrine a été sauvée, sans épargner les erreurs de ceux qui sont dans l'illusion, j'ai vû tranquillement Me. Guyon captive & flétrie. Si je refuse maintenant d'approuver ce que M. de Meaux en dit, c'est que je ne veux ni achever de la déshonorer contre ma conscience, ni me déshonorer en lui imputant des blasphêmes qui retombent inévitablement sur moi.

Depuis que j'ai signé les trente-quatre propositions, j'ai déclaré dans toutes les occasions qui se sont présentées naturellement, que je les avois signées, & que je ne croyois pas qu'il fût jamais permis d'aller au-delà de cette borne.

Ensuite j'ai montré à M. l'Archevêque de Paris, une explication très-ample & très-exacte de tout le systême des voies intérieures, à la marge des trente-quatre propositions. Ce Prélat n'y a pas remarqué la moindre erreur, ni le moindre excès. M. Tronson, à qui j'ai montré aussi cet Ouvrage, n'y a rien repris.

Il y a environ six mois qu'une Carmélite du fauxbourg St. Jacques me demanda des éclaircissements sur cette matiere. Aussi-tôt je lui écrivis une grande Lettre, que je fis examiner par M. de Meaux. Il me proposa seulement d'éviter un mot indifférent en lui-même, mais que ce Prélat remarquoit qu'on avoit quelquefois mal employé. Je l'ôtai aussi-tôt, & j'ajoutai encore des explications pleines de préservatifs, qu'il ne demandoit pas. Le fauxbourg St. Jacques, d'où est sortie la plus implacable critique des Mystiques, n'a pas eu un seul mot à dire contre ma lettre. M. Pirot a dit hautement qu'elle pouvoit servir de regle assurée de la Doctrine sur ces matieres. En effet, j'y ai condamné toutes les erreurs qui ont allarmé quelques gens de bien dans ces derniers temps. Je ne trouve pourtant pas que ce soit assez pour dissiper tous les vains ombrages; & je crois qu'il est nécessaire que je me déclare d'une maniere encore plus authentique. J'ai fait un Ouvrage, où j'explique à fond tout le systême des voies intérieures, où je marque, d'une part, tout ce qui est conforme à la Foi, & fondé sur la Tradition des Saints; & de l'autre, tout ce qui va plus loin, & qui doit être censuré rigoureusement. Plus je suis dans la nécessité de refuser mon approbation au Livre de M. de Meaux, plus il est capital que je me déclare en mêmetemps d'une façon encore plus forte & plus précise. L'Ouvrage est déja tout prêt: on ne doit pas craindre que j'y contredise M. l'Evêque de Meaux: j'aimerois mieux mourir que de donner au Public une scene si scandaleuse: je ne parlerai de lui que pour le louer, & que pour me servir de ses paroles. Je sais parfaitement ses pensées, & je puis répondre qu'il sera content de mon Ouvrage, quand il le verra avec le public.

D'ailleurs, je ne prétends pas le faire imprimer sans consulter personne. Je vais le confier avec le dernier secret à M. l'Archevêque de Paris, & à M. Tronson : dès qu'ils auront achevé de le lire, je le donnerai suivant leurs corrections : ils seront les Juges de ma doctrine, & on n'imprimera que ce qu'ils auront approuvé : ainsi l'on n'en doit pas être en peine. J'aurois la même confiance pour M. de Meaux, si je n'étois dans la nécessité de lui laisser ignorer mon Ouvrage, dont il voudroit apparemment empêcher l'impression par rapport au sien. J'exhorterai dans cet Ouvrage tous les Mystiques qui se sont trompés sur la Doctrine, d'avouer leurs erreurs. J'ajouterai que ceux qui, sans tomber dans aucune erreur, se sont mal expliqués, sont obligés en conscience à condamner sans restriction leurs expressions, à ne s'en plus servir, & à lever toute équivoque par une explication publique de leurs vrais sentiments. Peut-on aller plus loin pour réprimer l'erreur ?

Dieu fait à quel point je fouffre de faire fouffrir en cette occafion la perfonne du monde pour qui j'ai le refpect & l'attachement le plus conftant & le plus fincere !

LETTRE III. (1)

De M. Jolly.

A Paris, ce 28 Juin 1694.

MAdame, la lettre que vous m'avez fait l'honneur de m'écrire le 21 de ce mois, m'a fait chercher & lire les deux Livres dont vous m'avez parlé ; Ouvrages de Me. Guyon, lefquels je n'avois point vus jufqu'à préfent. Vous me faites l'honneur, Madame, de me demander mon avis fur ces Livres. Je ne fuis point homme à m'ériger en Cenfeur de Livres : mais la mauvaife doctrine, ré-

---

(1) Cette Lettre & les trois fuivantes, de même que celle de M. l'Evêque de Chalons, placée dans la fuite, furent écrites à Me. de Maintenon, en réponfe des confultations qu'elle avoit faites fur le Quiétifme qu'elle commençoit à craindre. M. de Meaux avoit été confulté de vive voix.

pandue en ceux-là, est si manifeste, qu'il n'y a point à craindre de juger témérairement en les condamnant. Ils contiennent une fausse spiritualité, éloignée de la vraie & solide piété, & capable de jetter ceux qui les liroient en beaucoup d'illusions : c'est le Quiétisme tout pur, & il y a un très-grand nombre de propositions qui ont été condamnées par le Pape dans les Ecrits de Molinos. Ce qui est enseigné dans le petit Livre du *Moyen court & facile pour l'Oraison*, touchant le Sacrement de Pénitence & la disposition à la Communion, est entiérement opposé à la doctrine & à l'usage de l'Eglise. Il y a quantité de choses absurdes, fausses & erronnées dans ce même Livre: L'*Explication du Cantique des Cantiques* a aussi beaucoup de choses obscures, peu intelligibles, & qui peuvent laisser de mauvaises impressions à ceux qui les lisent. Elle contient des propositions qui ne sont pas conformes à la foi, comme sont celles-ci; que l'on peut posséder la béatitude essentielle en cette vie, & qu'une ame arrive en la vie présente à un état où elle ne peut plus pécher : ces deux propositions sont hérétiques. Enfin, Madame, puisque vous m'ordonnez de vous dire mon sentiment sur ces deux Livres, je crois qu'on ne doit point en permettre la lecture à ceux ou à celles sur qui l'on a quelque autorité : & si l'on pouvoit l'interdire à tout le monde, ce seroit encore mieux. Je ne doute point que si l'on en avoit connoissance à Rome, on ne les censurât, & qu'on n'en défendît la lecture. C'est, Madame, ce que je puis avoir l'honneur de vous dire sur ces deux Ouvrages : c'est une chose étrange que l'esprit de l'homme ? Nous avons une très-grande quantité de fort bons Livres, dans lesquels il y a beaucoup à apprendre & à s'édifier : on les laisse, & l'on a la démangeaison de lire des Livres suspects, & de la lecture desquels on ne peut recevoir que du préjudice : ce que j'ai lu dans ceux-ci a beaucoup augmenté mon aversion pour le Quiétisme, qui est la porte ouverte à l'oisiveté, à l'illusion & à l'erreur. Je suis, &c.

JOLLY, (1)

indigne Prêtre de la Congrégation de la Mission.

---

(1) Général de la Congrégation de la Mission de St. Lazare, mort le 26 Mars 1697.

LETTRE IV.

De Mrs. Tiberge & Brisacier.

A Paris, le 18 Juillet 1694.

IL y a dans les Livres de Me. Guyon plusieurs propositions outrées, qui, prises dans le sens qu'elles offrent d'abord à l'esprit, impriment des idées contraires à la vérité ; & l'expérience que nous avons du mauvais effet que font ces Livres dans la plupart des personnes qui les lisent, nous persuade qu'ils sont dangereux, propres à inspirer les maximes & les sentiments condamnés depuis peu par l'Eglise dans les Ouvrages de Molinos, & capables de conduire à l'illusion. Ainsi nous estimons qu'il seroit fort à propos, principalement dans la conjoncture des temps où nous sommes, de les supprimer, & d'en défendre la lecture. M. Tronson & M. Boucher, Docteurs de Sorbonne, qui ont lu ces Livres avec attention, nous ont dit qu'ils sont de même avis que nous. En foi de quoi, nous avons signé la présente déclaration que nous vous envoyons, Madame.

TIBERGE, DE BRISACIER.

LETTRE V.

De M. Tronſon (1).

Madame, je ſuis tout confus des marques de bonté & de confiance que vous me faites la grace de me donner, & je m'eſtimerois heureux d'y pouvoir répondre ſelon votre deſir. Je ne doute pas que M. l'Evêque de Chartres ne vous ait communiqué la penſée qu'il avoit eue de faire examiner les maximes de ces Livres, afin de faire condamner ce qu'il y a de mauvais : c'eſt, ce me ſemble, la meilleure voie que l'on puiſſe prendre pour prévenir le mal qu'ils pourroient faire, s'ils contiennent des erreurs ou des propoſitions dangereuſes. En attendant, Madame, je crois que le parti que vous pouvez ſuivre, & qui eſt ſûr, eſt de regarder ces Livres comme ſuſpects, vous réſervant à vous en expliquer plus poſitivement, lorſque des perſonnes habiles & de poids en auront dit

---

(1) Louis Tronſon, Prieur de Chandieu, Supérieur du Séminaire de St. Sulpice, mort à Paris le 26 Février 1701, âgé de 78 ans.

leurs sentiments. Vous me dispenserez, s'il vous plaît, Madame, de vous dire présentement les miens : car, outre qu'ils ne seroient de nul poids, je n'ai pas même lu ces Livres avez assez d'application, pour faire un juste discernement de ce qu'il y auroit de bon & de mauvais dans ces Ouvrages mystiques. Ainsi je ne pourrois en porter qu'un jugement précipité : ce qui ne seroit pas assurément de votre goût. Si M. l'Évêque de Chartres suit ses vues, on remédiera sans éclat à tout le mal que l'on peut craindre. Je suis, &c.

TRONSON.

LETTRE VI.

Du Père Bourdaloue.

Paris, ce 10 Juillet.

J'AI lu, Madame, & relu avec toute l'attention dont je suis capable, le petit Livre que vous m'avez fait l'honneur de m'envoyer : & puisque vous m'ordonnez de vous en dire ma pensée, la voici en peu de mots. Je veux croire que la personne qui l'a composé, a eu une bonne intention ; mais, autant que j'en puis juger, son zele n'a pas été selon la science, comme il auroit pourtant dû l'être, dans une matiere aussi importante que celle-ci : car il m'a paru que ce Livre n'avoit rien de solide, ni qui fût fondé sur les véritables principes de la Religion : au contraire, j'y ai trouvé beaucoup de propositions fausses, dangereuses, sujettes à de grands abus, & qui vont à détourner les ames de la voie d'Oraison que Jesus-Christ nous a enseignée, & que l'Ecriture nous recommande expressément ; à les en détourner, dis-je, jusqu'à leur en donner du mépris. En effet, la forme d'Oraison que Jesus-Christ nous a prescrite, est de faire à Dieu plusieurs demandes particulieres pour obtenir de lui, soit comme pécheurs, soit comme justes, les différentes graces du salut dont nous avons besoin ; l'Oraison que l'Ecriture nous recommande en mille endroits, est de méditer la Loi de Dieu, de nous exciter à la ferveur de son divin service, de nous imprimer une crainte respectueuse de ses jugements, de nous occuper du souvenir de ses miséricordes, de l'adorer, de l'invoquer, de le remercier, de repasser devant lui les années de notre vie dans l'amertume de notre ame, d'examiner en sa présence nos obligations & nos devoirs, &c. Ainsi prioit David, l'homme selon le cœur de Dieu : & ainsi l'ont pratiqué les Saints de tous les siecles. Or, la méthode d'Oraison contenue dans le Livre dont il s'agit, est de retrancher tout cela, non-seulement comme inutile, mais comme imparfait, comme opposé à l'unité & à la simplicité de Dieu, comme une propriété distante de la créature, & même comme quelque chose de *nuisible à l'ame*, eu égard à l'état où l'on suppose qu'elle se met, quand il lui plaît de se réduire à ce simple acte de Foi, par lequel elle envisage Dieu en elle-même, sous la plus abstraite de toutes les idées, se bornant là, & sans autre effort ni préparation, attendant que Dieu fasse tout le reste : méthode, encore un coup, pleine d'*illusion*, qui roule sur ce principe mal entendu, dont le Quiétiste abuse ; à savoir, que la perfection de l'ame dans l'Oraison, est qu'elle se dépouille de ses *propres opérations* surnaturelles, saintes, méritoires, & procédantes de l'Esprit de Dieu, telles que sont celles dont je viens de faire le dénombrement. Car, quelle perfection peut-il y avoir à se dépouiller des plus excellents actes des vertus Chrétiennes, dans lesquels, selon Jesus-Christ, & selon tous les Livres sacrés, consiste le mérite & la sainteté de l'Oraison même ? Cependant, c'est à ce prétendu dépouillement, & j'ose dire, à cette chimérique perfection, qu'aboutit toute cette Doctrine *du Moyen court.* Je sais bien que Dieu, dans l'état & dans le moment de l'actuelle contemplation, peut se communiquer à l'ame d'une maniere très-forte, qui fasse cesser en elle soudainement tous les actes particuliers, quoique bons & saints, parce qu'il tient alors les puissances de l'ame comme liées, & fixées à un seul objet ; en sorte que l'ame n'est pas libre, & qu'elle souffre l'impression de Dieu plutôt qu'elle n'agit : je sais, dis-je, que cela arrive : car à Dieu ne plaise que je veuille ici combattre la grace, & le don de la contemplation infuse ! Mais que l'ame, de son chef, prévenant cet état & ce moment de contemplation, affecte elle-même de suspendre dans l'Oraison les plus saintes opérations, pour s'en tenir au seul acte de Foi, & que par son choix elle se détermine à sortir de la voie sûre que Jesus-Christ lui a marquée, pour s'engager dans une nouvelle route, qui, par la raison même qu'elle est nouvelle, doit au moins lui être suspecte ; c'est ce que je ne conviendrai jamais être pour elle une perfection. On dit que l'ame n'en use ainsi, & ne se défait de ses opérations que pour s'abandonner pleinement à Dieu, & laisser agir Dieu en elle : & moi je soutiens qu'elle ne peut mieux se disposer à laisser agir Dieu en elle, qu'en faisant elle-même fidélement ce que Jesus-Christ lui a appris dans l'Oraison Dominicale ; ou ce que David a pratiqué dans ses entretiens avec Dieu. Et j'ajoute, que si jamais l'ame avoit droit d'espérer que Dieu l'élevât à la contemplation, ce seroit dans le moment où avec humilité, avec fidélité, il la trouveroit solidement occupée du saint exercice de la méditation. Quoi qu'il en soit, se faire, selon *le Moyen court*, une méthode & une pratique de retrancher de l'Oraison ce que Jesus-Christ y a mis, & ce que les Saints ont conçu de meilleur, & de plus agréable à Dieu, les demandes, les remerciments, les offres de soi-même, les desirs, les résolutions, les actes de résignation & de componction, pour s'arrêter à une Foi nue, qui n'a pour objet ni aucune vérité de l'Evangile, ni aucun Mystere de Jesus-Christ, ni aucun attribut de Dieu, ni nulle chose quelconque, sinon précisément Dieu :

proposer indifféremment cette méthode d'Oraison à toutes sortes de personnes, sans en excepter les plus imparfaites : préférer cette méthode d'Oraison à celle que Jesus-Christ a enseignée à ses Apôtres, & par eux, à toute son Eglise : prétendre que cette méthode d'Oraison est plus nécessaire au salut, plus propre à sanctifier les ames, à acquérir les vertus, & à corriger les vices, plus proportionnée aux esprits grossiers & ignorants, plus facile pour eux à pratiquer que l'Oraison commune de méditation & d'affection : quitter pour cette méthode d'Oraison la lecture, les prieres vocales, le soin d'examiner sa conscience : substituer même cette méthode d'Oraison aux dispositions les plus essentielles du Sacrement de Pénitence, jusqu'à vouloir qu'elle puisse tenir lieu de contrition, sans qu'on ait actuellement aucune vue de ses péchés : toutes ces choses, dis-je, me paroissent autant d'erreurs dangereuses, dont le *Moyen court* est rempli. Il me faudroit un volume entier pour vous les faire remarquer, suivant l'ordre des chapitres : j'en ai fait l'extrait, que je pourrai quelque jour vous porter à Saint-Cyr, aussi-bien que le Sermon que je fis à Saint-Eustache sur cette matiere. Cependant, comme j'ai découvert que ce *Moyen cours* n'étoit qu'une répétition d'un autre Ouvrage, intitulé : *Pratique faite pour élever l'ame à la contemplation*, qui parut il y a environ vingt ans, & dont l'Auteur étoit un Prêtre de Marseille, nommé Malaval, je vous envoye la Traduction Françoise de la Réfutation qui s'en fit alors par un célèbre Prédicateur, nommé le Pere Segnery, qui vit encore, & qui a le premier combattu la Secte de Molinos. Mais je ne puis, en finissant, m'empêcher de remercier Dieu de ce qu'il vous a préservée d'avoir du goût pour ces sortes de Livres, & de ce que par une Providence particuliere, vous ne leur avez donné nulle approbation. Car, dans le mouvement où sont les esprits, quels progrès cette méthode d'Oraison ne feroit-elle pas parmi les dévots, sur-tout à la Cour, si elle y étoit encore appuyée de votre crédit ? Dieu m'est témoin que je n'abonde point en mon sens, & que j'ai même la consolation que ce que je connois dans le monde de gens habiles, distingués par leur savoir & par leur piété, en jugent comme moi. Ce qui seroit à souhaiter dans le siecle où nous sommes, ce seroit qu'on parlât peu de ces matieres, & que les ames mêmes qui pourroient être véritablement dans l'Oraison de contemplation, ne s'en expliquassent jamais entre elles, & encore même rarement avec leurs Peres spirituels.

C'est ce que j'ai observé à l'égard de certaines personnes qui se sont adressées à moi pour leur conduite, & à qui j'ai donné pour premiere regle, de n'avoir sur le chapitre de leur Oraison nulle communication avec d'autres dévotes, sous quel prétexte que ce soit, pour éviter les abus que l'expérience m'a appris s'ensuivre de ces confidences.

Voilà, Madame, toutes mes pensées que je vous confie, & qui ne seront peut-être pas bien éloignées des vôtres : cependant je suis avec tout le zele que vous savez, & avec tout le respect que je dois.....

Comme j'achevois ces remarques, j'ai reçu, Madame, le petit billet que vous m'avez fait l'honneur de m'écrire : & je vous demande bien pardon de ne vous avoir pas renvoyé plutôt le Livre qu'on m'avoit apporté de votre part. Il est vrai qu'ayant eu, depuis ce temps-là, trois Sermons à faire, à peine ai-je pu trouver le temps de le lire attentivement, & à loisir ; mais je ne prétends pas, Madame, me justifier par-là auprès de vous; & j'aime bien mieux vous remercier de la maniere obligeante avec laquelle vous voulez bien vous intéresser à ma santé, qui assurément vous est fort acquise.

LETTRE VII.

Du même.

MAdame, j'ai reçu la Lettre qu'on m'a apportée à Fontainebleau : & puisque vous voulez qu'en y répondant, non-seulement j'entre avec vous dans le détail, mais que je décide, & que j'ordonne, selon le détail même que vous me faites, je m'en vais ordonner & décider.

J'approuve tout-à-fait l'idée que vous avez conçue de la dévotion solide, pourvu que vous la remplissiez dans tous ses chefs, comme elle est exprimée dans votre lettre. Je ne crains pas que l'opposition que vous pourriez avoir à certains petits assujettissements, vous éloigne jamais de Dieu; car c'est alors que vous éprouverez ce que dit St. Paul : *Là où est l'Esprit du Seigneur, là est aussi la liberté :* mais je voudrois que vous eussiez cette idée de dévotion toujours présente, que vous la relussiez souvent, que vous vous y attachassiez exactement. Je vous la garderai pour vous la renvoyer, ou pour vous la rendre moi-même, afin qu'elle vous serve de regle, & que vous puissiez y avoir recours dans tous les états de relâchement où il vous arriveroit de tomber.

Quand je vous ai parlé des exercices de piété, auxquels je voulois que vous eussiez un attachement inviolable, j'ai entendu ceux dont l'ordre d'une vie Chrétienne ne permet pas qu'on se dispense: par exemple, la priere du matin, celle du soir, l'examen de la journée, tant pour la prévenir, que pour la repasser devant Dieu; la revue du mois, le sacrifice de la Messe, la préparation à la Confession; en un mot, les mêmes choses que vous pratiquez, & dans lesquelles vous me marquez qu'il est rare qu'on vous dérange. Lorsqu'il sera donc question de ces devoirs, vous vous ferez un point de Religion de vous y assujettir: & quoique votre naturel vif & actif vous persuadât alors, qu'une bonne œuvre seroit quelque chose de meilleur, que de vous forcer à attendre, avec un esprit distrait & un corps paresseux, que l'heure de la table soit passée, vous attendrez qu'elle s'écoule, mortifiant cependant votre corps, tâchant de surmonter par votre ferveur l'inapplication de l'un & la paresse de l'autre, vous humiliant devant Dieu, & vous confondant de votre lâcheté à le prier. Et pour la bonne œuvre, à moins qu'elle ne fût absolument pressée & nécessaire, vous la remettrez à un autre temps : car la maxime de St. Paul, *là où est l'Esprit du Seigneur, là est aussi la liberté*, n'exclut pas la sainte violence qu'on doit se faire à soi-même pour s'appliquer à vaquer à Dieu. Sans cela, il seroit impossible d'éviter que la vie d'action ne fût pleine d'imperfections, & ne se tournât en dissipation, quelque bonne intention qu'on eût de se préserver de ces désordres. Hors de ces exercices, que j'appelle privilégiés, & qui tiennent, comme je l'ai dit, le premier rang dans la vie Chrétienne, pour tous les autres qui seroient de votre choix ou de votre dévotion, c'est la prudence, accompagnée de la charité, qui vous doit conduire, & qui par conséquent, dans l'usage que vous en ferez, fera cesser vos scrupules & vos inquiétudes. Ainsi, quand il vous prendra envie de vous renfermer pour méditer

& pour lire, & qu'on viendra, malgré vous, ouvrir votre porte pour une affaire dont vous serez interrompue, bien-loin de vous troubler, vous vous soumettrez à l'ordre de Dieu, vous vous ferez un mérite de quitter Dieu pour Dieu : & sans témoigner aucun chagrin, avec un esprit libre, s'il est possible, & un visage égal, vous expédierez l'affaire dont il s'agit, édifiant par votre douceur ceux qui ont dans ces rencontres à traiter avec vous, & vous persuadant que d'en user ainsi, vaut mieux pour vous que la méditation & la lecture que vous auriez continuée. Quand vous aurez des lettres à écrire, & qu'elles ne seront point d'une nature à pouvoir être différées, vous abrégerez votre priere, & vous demeurerez tranquille.

Quand vous serez à St. Cyr, & qu'il vous faudra vaquer à quelque chose du réglement, ou de l'intérêt de la Maison, vous vous absenterez des Vêpres, & n'en aurez aucune peine : c'est Dieu qui le veut dans cette circonstance, & il lui faut obéir : car le grand principe que vous devez établir, est que la volonté de Dieu doit être la mesure & la regle de tout ce que vous faites, & que jusques dans les plus petites choses, ce qui vous paroît être la volonté de Dieu, soit ce qui vous détermine. Or, par-là vous serez toujours où vous devez être : qu'importe que vous agissiez, ou que vous priiez, pourvu que vous fassiez actuellement ce que Dieu demande de vous.

J'entre fort dans votre sentiment, que d'avoir passé la journée à faire de bonnes œuvres, c'est avoir prié tout le jour; & c'est un des sens que les Peres de l'Eglise donnent à ce précepte de Jesus-Christ, quand il dit dans le XVIII°. Chapitre de St. Luc, *qu'il faut toujours prier, sans cesser de le faire*. Mais ce que vous m'ajoutez du plaisir que votre naturel bienfaisant vous fait prendre à ces bonnes œuvres, m'oblige à vous donner deux avis qui me paroissent en ceci bien essentiels. L'un, qu'afin que ces bonnes œuvres vous tiennent lieu de priere, & soient en effet une espece de priere, il ne s'agit pas de les faire par l'attrait du plaisir que vous y prenez : car cela devroit plutôt vous les rendre suspectes, & vous faire craindre qu'elles ne fussent purement humaines & naturelles : mais il faut que vous les rapportiez à Dieu, en les faisant par des motifs dignes de lui, dans la vue de le glorifier, de racheter vos péchés, de réparer les années malheureuses données au monde : car il eſt évident qu'agir avec ces intentions, c'eſt prier. L'autre, qu'il faut que vous faſſiez ces bonnes œuvres avec diſcernement ; c'eſt-à-dire, que vous ne conſumiez pas les talents, l'eſprit, le crédit que Dieu vous a donnés, à faire de bonnes œuvres peu conſidérables, pendant que vous en pouvez faire de plus importantes, que vous ne faites peut-être pas : c'eſt-à-dire, que les bonnes œuvres de votre goût & qui coûtent peu, ne vous détournent pas de celles qui ſeroient plus utiles, mais qui vous coûteroient auſſi plus de ſoins & plus de peine : ce qui eſt peut-être la cauſe de la répugnance que vous y avez. Car, dans la place où Dieu vous a miſe, il ne ſe contente pas que vous faſſiez du bien, il veut que vous faſſiez de grands biens : & comme St. Chryſoſtome diſoit, en parlant de l'aumône, qu'il falloit craindre qu'au-lieu d'être recompenſé pour avoir donné, on ne fût un jour puni pour avoir trop peu donné; auſſi devez-vous prendre garde qu'après avoir fait quelque bien, vous ne ſoyez encore coupable de n'en avoir pas fait aſſez, ou plutôt de n'avoir pas fait celui que Dieu demandoit plus particuliérement de vous.

Je ne dis point ceci pour vous inquiéter & pour vous embarrasser, mais pour vous encourager & pour exciter votre zele. C'est à vous à examiner devant Dieu ce que vous pouvez, & de quoi vous êtes capable, & c'est à vous à profiter des occasions que la Providence vous fera naître pour parler & pour agir utilement. C'est dans la priere même & dans la communication avec Dieu, que vous devez vous préparer à prendre des forces pour ce genre d'action. Quoique la posture, dans laquelle on prie, ne soit pas absolument de l'essence de la priere, elle ne doit pas cependant être négligée ; car le corps, aussi-bien que l'esprit, doit contribuer à honorer Dieu & à lui rendre même extérieurement le culte que nous lui devons, la Religion que nous professons, n'étant pas, dit St.-Augustin, la Religion des Anges, mais des hommes : c'est ce que l'Ecriture nous enseigne, & ce que l'expérience même nous fait sentir : suivant ce principe, quelque foible que vous soyez, à moins que vous ne fussiez tout-à-fait malade, vous commencerez au moins votre priere à genoux, pour la continuer ensuite, s'il en est besoin, dans une posture plus commode, mais pourtant honnête & respectueuse, vous souvenant toujours que vous êtes devant Dieu

& que vous lui parlez : car pour la priere du lit, vous ne vous y réduirez que dans l'état de maladie, pendant laquelle je conviens que les aspirations fréquentes sont la maniere de prier, non-seulement la plus facile, mais la meilleure. Je ne dis pas qu'il ne soit bon de prier dans le lit, puisque David, qui étoit un homme selon le cœur de Dieu, l'a ainsi conseillé & pratiqué, comme il paroît en tant d'endroits de ses Pseaumes : je dis que de prier seulement dans le lit, est une espece de mollesse & d'irrévérence ; que cela n'est excusable que dans la maladie, & nullement dans la santé, quoiqu'on se flatte de prier alors avec plus d'attention : ce qui est un prétexte, ou un artifice du Démon, & de l'amour-propre, qui se cherche jusques dans les choses les plus saintes. Quand donc il vous arrivera de *vous coucher devant la personne que vous me marquez*, ne vous dispensez point pour cela de faire à Dieu une priere courte, avant de vous mettre au lit : cette régularité l'édifiera, & lui pourra être une bonne instruction.

Je trouve très-bon que pour fixer votre esprit dans l'Oraison, vous écriviez en la faisant, les lumieres & les vues que Dieu vous donne : c'est un moyen très-propre, non-seulement à vous appliquer dans le moment au sujet que vous méditez, mais pour en conserver le souvenir & pour en pouvoir plus long-temps profiter. Vous relirez les choses dont vous aurez été touchée. Il faut seulement prendre garde, que l'application que vous aurez à écrire, à force d'occuper votre esprit, ne desseche votre cœur & ne l'empêche de s'unir à Dieu par des affections vives & tendres, dans lesquelles consiste l'essentiel de l'Oraison : car alors ce que vous appellez Oraison, deviendroit une pénible étude : ce ne seroit plus prier, mais composer. Si vous évitez cet inconvénient, l'écriture, jointe à l'Oraison, à l'examen de votre conscience & aux autres exercices ultérieurs, vous pourra être d'un grand fruit : & je connois en particulier, que votre derniere Lettre étoit pour vous une véritable Oraison : mais je suppose toujours que le cœur en fut occupé, aussi-bien que l'esprit, & même encore plus que l'esprit : car, encore une fois, dans l'Oraison, l'esprit ne doit agir que par le cœur.

Vous voulez que je vous regle le temps que vous donnerez à la priere : le voici. Lorsque vous vous porterez bien, vous vous tiendrez à celui que vous avez jusqu'à présent observé vous-même, qui va, dites-vous, à une heure : une heure pour vous, c'est assez : il s'agit de la bien employer, & que Dieu n'ait pas à vous faire le reproche que Jesus-Christ fit à St. Pierre : *Vous n'avez pu veiller une heure avec moi.* Quand vous serez indisposée ou languissante, c'est l'état de vos forces qui vous réglera : mais ce que vous ne pourrez faire alors d'une façon, vous le ferez de l'autre : car la souffrance, avec soumission & avec résignation parfaite de votre volonté à celle de Dieu, sera une priere bien plus longue & plus continuelle que celle que vous feriez dans votre Oratoire, ou aux pieds des Autels. Quand vous ne serez pas maîtresse de votre temps, car il vous doit être indifférent que vous le soyez ou non, vous en donnerez à la priere autant que vous le pourrez ; & Dieu sera content de vous. Pourquoi donc, en ce cas-là, seriez-vous dans le trouble ? Vous craignez que la peur d'être importunée ne vous fasse prier Dieu dans votre chambre, plutôt que d'aller aux Saluts qui se disent dans les Eglises : en effet, vous pouvez manquer en ceci, & dans la substance de la chose & dans les motifs : dans la chose, car il est à propos que vous alliez quelquefois à ces Saluts, quand ce ne feroit que pour donner l'exemple, en vous conformant à la dévotion publique ; je dis quelquefois : comprenant bien que très-souvent vous aurez des empêchements légitimes & de justes raisons de n'y pas aller : dans le motif, car il ne vous est pas permis d'appréhender si fort l'importunité, laquelle vous devez regarder dans l'ordre de Dieu comme une dépendance de votre état. Cette trop grande peur d'être importunée ne peut venir que d'un fond d'orgueil secret, ou d'amour excessif de votre repos : il est par conséquent directement opposé à l'humilité, à la charité, & à la mortification chrétienne : il faut donc la modérer, en vous oubliant un peu vous-même, & en vous abandonnant davantage à la conduite de Dieu, dont les desseins sont souvent attachés à ce qui vous importune. En combien de manieres y avez-vous peut-être manqué, pour vous être sur cela trop écoutée ? & combien la fuite de l'importunité vous a-t-elle fait perdre d'occasions heureuses de rendre à Dieu, au prochain, à l'Etat, au Roi, les services importants que vous voudriez un jour leur avoir rendus ? Il faut vous faire une vertu de souffrir qu'on vous importune : aimez à être importunée pour de bons sujets, & ne craignez que l'inutilité.

Vous avez très-bien fait d'omettre, depuis deux mois, la pénitence (*un cilice apparemment*) que vous vous êtes prescrite. Comme je suppose que vous avez pris en esprit de pénitence le mal que Dieu vous a envoyé, il vous a dû être une pénitence, d'autant plus salutaire, & d'autant plus sûre, que cela n'a pas été de votre choix, mais de celui de Dieu. Cela n'empêchera pas que vous ne repreniez l'autre quand votre santé sera rétablie : mais il faut qu'elle le soit parfaitement ; autrement, je n'y consens point. Le déni de vous-même & les pratiques de la pénitence intérieure, voilà à quoi vous devez principalement vous attacher.

Il me semble que voilà à peu près les choses sur lesquelles vous m'avez consulté : & vous ne vous plaindrez pas que je ne sois entré dans le détail.

LETTRE VIII.

Du même.

JE conviens avec vous, Madame, qu'une dévotion, qui ne consisteroit que dans un certain arrangement, seroit quelque chose de bien superficiel, & dont vous ne devriez être nullement contente : car quoique l'arrangement soit bon en tout jusqu'à un certain point, & qu'il ne faille pas le négliger, il doit pourtant supposer un certain fond plus stable, & ce fond doit être en vous un amour solide de la pénitence, un parfait détachement de vous-même, un zele ardent de la gloire de Dieu, une charité tendre pour le prochain, une humilité sincere, un attachement inviolable à vos devoirs, même les plus pénibles, une entiere soumission aux ordres de la Providence, une préparation à tout souffrir, & aux autres choses que j'y pourrois ajouter. Or, tout cela peut se pratiquer dans les états mêmes où votre arrangement viendroit à cesser : car il est évident, par exemple, que dans la maladie une partie de tout cela, pour peu qu'on soit fidele à la grace, se pratique, non-seulement aussi bien, mais mieux & avec moins de mélange d'amour-propre que dans la santé.

Servez-vous donc des lumieres que Dieu vous donne sur ce point ; & profitant de votre expérience, faites-vous un plan de dévotion qui soit indépendant de tout ; c'est-à-dire, que vous puissiez vous maintenir, & dans l'infirmité, &

dans la santé; & dans l'embarras des affaires, & dans le repos, & dans la bonne humeur, & dans le chagrin : or, il me semble qu'un excellent moyen pour cela, est de faire consister votre dévotion à accomplir la volonté de Dieu selon l'état où Dieu vous met : car, selon les états différents où vous vous trouverez, il demande de vous certaines choses, dont votre perfection actuelle dépend, & qui valent mieux pour vous que celles qui seroient plus de votre goût, & plus conformes à vos idées : il ne s'agit donc pour lors, qu'à vous appliquer à reconnoître cette volonté de Dieu ; & à l'accomplir.

LETTRE IX (1).

Du Curé de Maintenon.

Du 22 Novembre 1715.

Madame, je n'ai pas osé mêler mes consolations à celles de tant d'illustres Prélats, qui ont essayé de calmer vo-

___

(1) Cette Lettre de consolation sur la mort de Louis XIV plut fort à Me. de Maintenon.

tre juste douleur. Je me suis contenté de prier, de pleurer, de gémir. Mais il est temps de m'acquitter de ce devoir, que l'inclination me prescrit autant que la reconnoissance.

Il n'y a, Madame, que Dieu seul qui puisse vous consoler après la perte que vous avez faite ; mais aussi ce grand Dieu le peut faire, & il le fera avec plénitude, parce qu'il est *Père pour s'attendrir, & Dieu tout-puissant pour consoler, Père des miséricordes, & Dieu de toute consolation.*

S'il vous a éprouvé, Madame, par la plus sensible affliction, c'est qu'il l'a jugé nécessaire pour vous élever à la plus éminente perfection : c'est pour vous y préparer, qu'il vous a inspiré le dessein de vous retirer de l'agitation du monde, & qu'il vous a fait depuis long-temps une solitude au milieu de la Cour. St. Jean Chrysostome écrit à l'illustre Olimpiade, accablée d'une profonde tristesse : *Vous avez fait de grandes choses ; mais il vous manquoit de souffrir :* paroles qui conviennent admirablement aux miracles de votre vie, & à l'état de mollesse où vous vous trouviez malgré vous. Il lui cite St. Paul, qui se glorifioit dans ses souffrances. Il est très-vrai que l'affliction ajoute un nouver eclat à la gloire des grandes ames : il manque à leur vertu, lorsqu'elles n'ont jamais été éprouvées par l'adversité. La vertu souffrante est le spectacle le plus agréable que les Saints voyent sur la terre.

L'exemple de J. C. souffrant est, sans doute, Madame, votre unique consolation. Vous allez après lui, renonçant à vous-même & portant votre croix. C'est à présent qu'il faut montrer si ce renoncement étoit sincere, & si ce fardeau étoit porté avec courage & avec résignation. C'est en surmontant votre douleur, que vous vous convaincrez vous-même de la vérité de votre soumission. St. Bernard dit qu'il faut prendre sa croix par le milieu, & la charger sur ses épaules, parce qu'elle est trop pesante par le bout. Ainsi, Madame, il faut opposer à votre douleur tous les motifs de foi, tous les sentiments d'amour, tous les actes de pénitence qui peuvent la diminuer. Quant au renoncement à nous-mêmes, & par conséquent à tout ce qui attache le cœur, renoncement nécessaire pour aller à la suite de Jesus-Christ, vous savez ce qu'il dit à ses Apôtres peu de temps avant sa passion : *Il est expédient pour vous que je m'en aille : tant que je serai avec vous, le St. Es-*

prit ne viendra point en vous. Hé quoi! Madame, y avoit-il rien de plus capable d'attirer le St. Esprit sur eux, que la présence de J. C. ? C'est, disent quelques Peres de l'Eglise, qu'étant attachés à lui par un amour trop humain pour les perfections de son humanité, cet attachement affoiblissoit celui qu'ils devoient avoir pour les perfections de sa divinité. Tant il est vrai, Madame, que ce Dieu jaloux ne veut point de concurrent, & que dans les attachements les plus légitimes, il peut y avoir des défauts! ce qui fait que Dieu nous en ôte l'objet, afin que notre cœur n'étant plus partagé & se portant tout à lui, rien ne l'empêche de se donner tout à nous avec le poids infini de son amour.

Vous avez beaucoup perdu, Madame: mais vous y gagnez un bien plus grand affermissement dans la vertu. Ce fut par les plus rudes épreuves que le Patriarche Job parvint à une si éminente sainteté. Dieu vous a été un grand appui, un grand support: c'est qu'il veut être lui-même votre soutien.

Vous perdez un grand Roi & un bon ami: un plus grand Roi que lui & un ami plus tendre & plus fidele. J. C. tout-puissant Roi de gloire, avec toutes ses graces,

graces, ses beautés, ses charmes, ses divins attraits se présente à vous, & vous demande tout votre cœur. Ce grand Monarque, que Dieu vous a ravi, vous diroit sans doute s'il pouvoit vous faire entendre sa voix: Madame, vous ne perdez pas au change: Hélas! vous diroit-il, je n'ai jamais répandu une seule goutte de mon sang pour vous.

Il pense à vous, ce Roi que vous pleurez; il vous doit, après Dieu, le bonheur dont il jouit: il le doit à ces sentiments de vertu & de piété que vous lui avez inspirés par votre exemple & par vos conseils: il vous les doit, & il le sent vivement.

Si, après tant de sacrifices offerts pour sa délivrance à tous les Autels du Royaume, il lui restoit encore à souffrir, le grand St. Chrysostome dit, que tous les péchés du monde, plongés dans la miséricorde de Dieu, ne sont que ce qu'est une goutte de fiel mêlée avec toutes les eaux de la mer; & que peut-on penser de cette miséricorde mêlée avec le précieux sang de J. C.? Si ce Prince si pieux étoit encore dans la souffrance, une chose lui seroit un surcroit de douleur: c'est, Madame, que vous vous occupez peut-être trop fortement de lui. Vous vous en occupez jusqu'à vous abattre & à vous affliger : il craindroit que ce ne fût un affoiblissement de cette constante vertu qu'il admiroit en vous. Vous vous êtes toujours intéressée pour son salut : il s'intéresse aujourd'hui pour le vôtre : vous avez tâché de lui adoucir les amertumes de la vie : il voit avec peine que sa mort fait la tristesse de vos jours. Il consentiroit que vous l'oubliassiez, pour être uniquement, & plus parfaitement à J. C.

Je crains, Madame, de vous parler avec trop de liberté : c'en est déja une bien grande d'avoir osé vous écrire ; mais pouvois-je me taire, pénétré de votre douleur, comblé de vos bienfaits, appuyé de votre protection ? Je n'ai pu me dispenser de vous témoigner ma reconnoissance par les sentiments auxquels vous prenez le plus de part. J'hésitois, dans la crainte de réveiller des sentiments, peut-être un peu assoupis : mais ce qui augmente l'affliction dans le temps qu'elle est récente, la soulage dans un autre. Je prie Dieu de tout mon cœur qu'il donne sa bénédiction à cette lettre, & qu'elle vous puisse donner quelque consolation.

Nous n'avons pas manqué, Madame, de célébrer dans les deux Eglises le service du Roi le plus solemnellement, &

avec le plus de piété que nous avons pu, suivant les ordres que nous en avoit donnés Monseigneur l'Evêque de Chartres dans le temps prescrit : mais notre zele n'a d'autres bornes que notre devoir; & notre devoir est de nous affliger de la mort d'un Prince à qui nous devions tant, & du coup dont le glaive du Seigneur a frappé notre bienfaictrice. Permettez-nous d'espérer, Madame, que votre retraite ne diminuera point les bontés que vous avez toujours eues pour nous : votre cœur sera toujours le même, ainsi que le profond respect avec lequel, &c.

LETTRE X.

De l'Abbé de Vassé.

Madame, M. le Cardinal de Noailles m'ayant communiqué le desir que vous avez que Madame la Duchesse de Noailles votre niece entrât aux Carmélites de Grenelle, je leur en fis hier la proposition : elles l'ont reçue comme une nouvelle assurance de vos bontés, & en sont pénétrées d'une vive reconnoissance : elles vous regardent, Madame, comme la fondatrice de leur Maison, & ont gravé dans leurs cœurs cette abondance de bienfaits dont elles vous sont redevables dans toutes les rencontres. Quoiqu'elles ayent pris du côté de Rome des mesures pour que Sa Sainteté n'accordât aucune entrée chez elles, preuve bien claire de leur esprit de retraite, elles s'offrent, Madame, de la demander au Pape pour Madame votre niece, sachant bien qu'elle les édifiera, bien-loin d'apporter aucun relâche à leur régularité. De ma part, vous savez, Madame, combien je vous suis dévoué ; & si Sa Sainteté me renvoye la chose, vous pouvez compter que je ferai mon devoir. Je me suis, par discrétion, Madame, imposé silence dans le temps où l'avénement au Siege étoit incertain, me contentant de faire beaucoup prier Dieu pour le succès de cette affaire, & pour vous soutenir dans l'inquiétude qu'elle vous a donnée. A présent, Madame, que Notre Seigneur jette sur nous un regard favorable, souffrez que je vous en marque ma joie.

LETTRE XI.

Du Pere Gonnelieu, Jésuite.

J'Ai vu aujourd'hui Madame de Gouleine, qui m'a appris qu'on avoit parlé à M. le Cardinal de Janson, pour me faire prêcher à la Chapelle du Roi. Cela m'a surpris, Madame; car je ne pensois pas à une chose comme celle-là, dont je suis si indigne & si incapable; mais je pensois seulement à la Paroisse de Versailles, pour y prêcher un Carême.

Je viens d'achever la retraite publique que j'ai donnée aux Filles de Ste. Aure, qui sont au nombre de six vingt, & qu'on éleve avec un extrême soin & une bénédiction de Dieu qui est surprenante: elles vivent du travail de leurs mains. Je leur faisois deux fois le jour des Discours très-touchants sur leurs devoirs, qu'elles entendoient sans discontinuer leur ouvrage : & c'étoit dans l'ouvroir même où je leur parlois : & dans l'intervalle de ces méditations, celles qui vouloient se confesser, venoient me parler au Confessionnal : je passois toute la journée dans ce saint emploi; & je vous avoue que je n'ai jamais donné de retraite avec tant de consolation, de voir ces ames si bien élevées dans la crainte & dans l'amour de Dieu.

Si cette Communauté pouvoit obtenir du Roi des Lettres-Patentes, elle pourroit recevoir des legs, & des donations, ce qui la soutiendroit : & je vous assure que c'est une des œuvres les plus fructueuses que vous puissiez faire, que de leur procurer cette grace.

Je pars demain pour aller faire une mission à Montreau, où nous espérons d'y avoir sur la fin de notre mission une brigade de Mousquetaires, au salut desquels nous nous employerons avec tout le zele possible. Je prie Notre Seigneur qu'il vous comble de ses graces, & qu'il vous y rende fidelle.

LETTRE XII.

De Mr. Huchon (1).

A Versailles, ce 12 *Avril* 1716.

JE ne puis tarder davantage, Madame, à vous rendre compte de la visite que le Prince de Géorgie a eu le plaisir de

───────────
(1) Curé de Versailles.

rendre à votre sainte & illustre Communauté ; il auroit bien voulu avoir l'honneur de vous assurer de ses respects : mais ayant appris que cela pourroit vous incommoder, il s'est contenté du reste de la grace qu'il vous avoit fait demander. Il n'a pu s'empêcher d'admirer cette sainte Maison de la maniere du monde la plus touchante, en parlant toujours de la Maison de Dieu, où se trouvoient ses Anges qui l'y louoient continuellement, & qui étoit si dignement représentée par celle de Saint-Cyr, où se trouvoient des personnes d'une si grande modestie & piété. Il a souvent dit encore, que tout ce qu'il remarquoit à Versailles & aux environs, étoit la marque indubitable du plus grand Roi du monde, & que ce qu'il voyoit dans votre Communauté, étoit un effet de la piété du plus zélé de tous les Chrétiens : ce sont des expressions grossieres dans notre langue, mais qui font sentir les justes pensées de ce Prince très-religieux, qui nous a ici donné plusieurs preuves de sa Religion & de sa dévotion : plein de modestie dans les Eglises, priant souvent Dieu dans sa chambre, observant exactement l'abstinence des Mercredis ; en un mot, marquant en toute occasion une modestie extraordinaire & un zele très-grand pour la propagation de la foi. Ce Prince est parti ce matin, après nous avoir dit toujours, en sa maniere honnête & ouverte, que si Dieu a mis six jours pour créer tout le monde, il semble qu'il en a employé un tout entier à la composition de la France.

Madame la Chanceliere vient de mourir : elle nous a donné toutes les marques possibles de sa piété, de sa patience, & de sa confiance au Seigneur. Voyez, Madame, quelle Supérieure vous voulez que nous donnions à notre Charité.

LETTRE XIII.

De M. Morand (1).

A Marly, ce 14 *Mai* 1716.

MAdame, vous aimez tant le bien public, que j'ai cru devoir vous écrire deux biens, qu'il est facile de faire en ce pays-ci.

On me dit qu'il y a dans le Bourbonnois dix-sept cents Domaines ou Métairies

_____

(1) Prieur-Curé de Marly.

abandonnées, parce que les Receveurs des Tailles ont fait vendre les bestiaux de ces Domaines pour la taille : ainsi les maisons de ces Domaines tombent, les terres sont en friche, manque de bestiaux : elles ne sont ni labourées, ni fumées, ni ensemencées : elles n'engraissent plus d'animaux, ce qui faisoit l'abondance du pays : ainsi la viande, qui valoit ici, il y a quelques années, trois sols six deniers la livre, est à présent aussi chere qu'à Paris : & le Roi ne peut rien retirer de ces lieux abandonnés.

On trouve un remede très-facile à ce mal. On trouve aisément, à cause du décri des monnoies, de l'argent à emprunter ; mais les prêteurs veulent une assurance & une hypotheque : il est aisé de leur en donner une, si le Roi, par un arrêt du Conseil, défend aux Receveurs des Tailles de faire vendre lesdits bestiaux achetés pour repeupler & rétablir lesdites terres, & cela pendant l'espace de cinq années.

L'abondance, par ce moyen, reviendra, & le Roi y trouvera son profit : les terres, produisant & rapportant, mettront les maîtres en état de payer les droits.

Le second bien, facile à faire, est à l'égard de l'Hôpital, où les Sœurs reçoivent des malades de toute la France, & sur-tout beaucoup de soldats : il se fait en cet Hôpital des guérisons par les eaux & par le soin des Sœurs, qui tiennent du miracle : elles n'ont que quatre cents livres de rente pour nourrir trois Sœurs & le nombre de malades qu'elles soignent toutes les saisons : le pain & la viande sont ici très-chers, les charités refroidies ; en sorte que la Sœur Antoinette, Supérieure, qui y est depuis plus de trente années, quoique très-entendue, ne sait plus que faire & que devenir.

Me. Fagon, zélée pour cet Hôpital, obtint, il y a plusieurs années, de M. le Cardinal de Janson, Grand-Aumônier, cinq cents livres par année, sur les grandes aumônes du Roi. L'Hôpital de Bourbon est pour cette somme sur le Regître de M. le Grand-Aumônier : mais depuis 1706, ledit Hôpital n'a rien reçu de ladite aumône. A présent que la paix est faite, il est aisé de payer une somme si modique, qui cependant rétablira toutes les bonnes œuvres qui se font en ce lieu. Un mot de vous, Madame, à M. Desmarets feroit la chose sur le champ : & les Sœurs de Versailles, ou la Supérieure des Sœurs de Paris, pourroient recevoir cette somme, & la faire tenir aux Sœurs de Bourbon.

Vous direz peut-être de quoi je me mêle, que ce n'eſt pas ici ma Paroiſſe : il eſt vrai, mais la charité eſt de tout pays : mon intention eſt bonne, & pourquoi ne pas procurer tout le bien qu'on peut ? Souvent faute de parler, le bien ne ſe fait pas. J'abandonne tout cela, Madame, à votre prudence & à votre charité. J'eſpere que les eaux me mettront en état de travailler avec zele au ſalut des ames que Dieu m'a confiées. Je ne ceſſe de demander à Dieu, Madame, qu'il ſanctifie & conſerve le Roi, & que les peines ſenſibles que Dieu, de temps en temps, lui envoye, lui ſoient comptées pour l'éternité. Je demande auſſi, Madame, que Dieu vous faſſe croître de plus en plus dans ſon amour, & vous conſerve pour le bien du Royaume, pour la conſolation du Roi, & pour la ſanctification toujours croiſſante des Dames de Saint-Cyr.

Permettez-moi de vous envoyer le détail d'une mort très-édifiante : on peut vous préſenter ces objets, à vous qui êtes détachée de la vie : & ce récit peut être utile à vos enfants. Vous élevez, loin des dangers du ſiecle, une jeuneſſe innocente. Qui peut dire combien vous prévenez de chûtes que la pauvreté & la séduction produiroient ? Qui peut assez estimer le contre-poison dont vous les nourrissez, & qui les soutiendra au milieu des tempêtes que le démon excite ? Combien de vertus naissantes ont le temps de se fortifier par l'art avec lequel on les cultive ? Heureux jardin, où la voix du serpent n'est point entendue, & où la voix de Dieu est la seule qui soit suivie ! Puissiez-vous, Madame, jouir encore long-temps de la vue de cet asyle de l'innocence, y voir fortifier ces aiglons qui vous porteront un jour sur leurs aîles dans le Ciel.

Fin du Tome troisieme.

www.ingramcontent.com/pod-product-compliance
Lightning Source LLC
Chambersburg PA
CBHW071415150426
43191CB00008B/918